_____ 님의 소중한 미래를 위해
이 책을 드립니다.

나의 첫
금융 수업

나의 첫 금융 수업

염지현 지음

경제기자가 알려주는 금융 팁 45

메이트북스

메이트북스 우리는 책이 독자를 위한 것임을 잊지 않는다.
우리는 독자의 꿈을 사랑하고,
그 꿈이 실현될 수 있는 도구를 세상에 내놓는다.

나의 첫 금융 수업

초판 1쇄 발행 2021년 12월 1일 | **지은이** 염지현
펴낸곳 ㈜원앤원콘텐츠그룹 | **펴낸이** 강현규·정영훈
책임편집 오희라 | **편집** 안정연 | **디자인** 최정아
마케팅 김형진·이강희·차승환 | **경영지원** 최향숙 | **홍보** 이선미·정채훈
등록번호 제301-2006-001호 | **등록일자** 2013년 5월 24일
주소 04607 서울시 중구 다산로 139 랜더스빌딩 5층 | **전화** (02)2234-7117
팩스 (02)2234-1086 | **홈페이지** matebooks.co.kr | **이메일** khg0109@hanmail.net
값 15,000원 | **ISBN** 979-11-6002-359-6 03320

모든 문제 속에는
이를 해결할 수 있는 기회가 숨어 있다.

• 조셉 슈거맨(미국의 저명한 카피라이터) •

일상 속 '돈' 문제로 힘들 때
가정 상비약이 되어줄게요

"아버지 채무 때문에 상속포기를 했는데 왜 딸인 저에게 채무가 상속되나요?"

"부모님께 돈을 빌렸는데도 이자를 내야 하나요?"

"자녀 세뱃돈을 10년간 모아서 투자했는데 증여인가요?"

당연하게 혹은 무심코 그러려니 넘겼다가 빚이나 증여세 폭탄으로 곤경에 처했던 사람들의 질문입니다. 정답을 아시나요?

누구나 한 번쯤은 '돈' 문제로 어려움을 겪지만 정확한 답을 아는 사람은 많지 않습니다. 이처럼 개인 혼자서 풀기 어려운 금융 문제를 전문가의 도움으로 해결하기 위해 시작했습니다. 이 책의 뱃머리가 되어준 '금융 SOS' 얘기입니다. 첫 연재는

2019년 5월에 〈중앙일보〉 디지털 뉴스로 나갔습니다. 수년간 숫자와 씨름하면서 써온 각종 경제기사보다 독자들의 관심이 높았습니다. 가계부채, 경제성장률, 환율 등 경제상식도 중요하지만 실생활에 도움이 되는 정보도 필요함을 느낀 계기가 됐습니다.

이 책은 금융뿐 아니라 부동산도 담고 있습니다. 집은 사는 순간부터(취득세), 보유(재산세)하고 팔 때(양도소득세)까지 돈(세금)과 엮여 있습니다. '금융 SOS' 시리즈를 보고 출판 문의가 왔던 2020년에는 제가 부동산팀에 있었습니다. 쏟아지는 부동산 대책과 임대차3법으로 시장의 혼란이 극심했던 시기였습니다. 현장에 있었던 덕분에 논란이 가장 컸던 임대차 계약과 부동산을 사고팔 때의 대출과 세금 문제도 다룰 수 있었습니다.

자랑하고 싶은 건 기획 방식입니다. 단순히 공급자 측면에서의 정보 전달이 아니라, 독자 관점에서 일상 생활에서 벌어지는 금융사건·사고에 대한 '해결책'을 찾는 데 초점을 맞췄다는 겁니다. 많은 시간을 할애한 건 일상 속 '돈' 문제로 어려움을 겪는 사람들의 사례를 찾는 일이었습니다. 서울금융복지상담센터, 서민금융진흥원, 대부금융협회 등의 도움을 받아 현장 취재를 한 겁니다. 4,300만 원 빚 때문에 극단적 선택을 한 자영업자나 통장이 압류돼 분유 살 돈이 없다는 싱글맘의 사연이 가장 안타까웠습니다. 금융 복지 사각지대에 놓인 사람들을 위해 빚 갚는 정보도 상세히 다룬 이유입니다.

이 책은 총 5장으로 구성했습니다. 1장은 가족간 돈 거래에서 일어날 수 있는 문제와 해결책을 담았습니다. 실제 가족간 돈 거래로 법적 다툼까지 가는 집이 많았습니다. 가장 가까운 가족일수록 돈 거래를 할 때 차용증을 남기고 깐깐해야 한다는 게 1장의 핵심입니다.

2장은 돈 잘 쓰는 법을 담았습니다. 예컨대 신용카드 한 장으로 할 수 있는 일을 모았습니다. 누구나 다 아는 인터넷 쇼핑은 기본이고, 세금을 납부하고, 택시에 두고 내린 중요한 소지품도 찾을 수 있습니다. 한마디로 '돈 되는 정보'입니다.

3장은 앞서 얘기한 집 관련 정보입니다. 여러 번 바뀐 부동산 대책뿐 아니라 주택을 사고팔 때 절세하는 방법도 담았습니다.

4장은 빚을 줄이는 방법입니다. 요즘 같은 금리 상승기를 대비한 '빚 다이어트' 요령은 물론 빚으로 고통받는 채무자에게 도움이 되는 정부 제도를 담았습니다.

5장은 보이스피싱 같은 금융사고를 당했을 때의 지혜로운 대처법이 골자입니다. 일단 다양한 금융사기 유형만 잘 알아두면 고의로 낸 사고가 일어나더라도 피해를 막을 수 있습니다.

이 책은 혼자 완성한 게 아닙니다. 워낙 전문적인 금융사고나 사건이 많다 보니 변호사와 금융전문가의 자문이 중요했습니다. 법률 문제를 이해하기 쉽도록 풀어준 방효석 법무법인 우일 변호사, 곽종규 국민은행 변호사, 박정만 서울금융복지상담센터장(변호사)께 감사드립니다. 세테크 자문을 맡아준 원종훈 국민은행 WM투자자문 부장(세무사), 양경섭 온세그룹 세무사와 재테크 전문가인 조재영 웰스에듀 부사장과 강지현 전 하나은행 PB, 김연화 IBK기업은행 부동산 팀장께도 감사의 인사를 전합니다.

또한 이 책의 뱃머리가 됐던 '금융SOS'는 2021년 4월부터 다시 연재를 시작했습니다. 이번에는 후배들과 더 다양한 얘기로 실생활에 도움이 되는 정보를 소개하고 있습니다. '금융SOS'를 다시 연재할 수 있도록 격려하고 응원해주신 김종윤 중앙일보 편집국장과 서경호 경제산업 디렉터, 하현옥 금융팀장께도 감사드립니다.

염지현

차례

1장

가족간 돈 거래는 남보다 더 '깐깐하게'

2장
돈 쓰는 지혜를 알아야 돈이 모인다

3장
내 인생의 최대 숙제인 '집'

4장
'빚'의 굴레에서 벗어나 '빛' 보는 법

누구나 어이없이 당할 수 있다, 금융사고

가족끼리 왜 이래? 가장 가까운 가족이기 때문에 돈을 주고 받을 때는 명확한 '꼬리표'를 달아야 한다. 세금 폭탄은 물론 가족간의 다툼을 막을 수 있어서다. 자녀가 부모에게 돈을 빌릴 때는 차용증을 쓴 뒤 매달 이자를 갚는 게 안전하다. 형제간 재산 분쟁을 막으려면 부모의 유언장도 필수다. 효도를 조건으로 재산을 증여하는 효도계약서에 대한 관심이 컨진 이유다. 1장은 가족 간 현명한 돈 거래 방법과 각종 계약서의 법적 효력을 따져봤다.

가족간 돈 거래는
남보다 더 '깐깐하게'

부모에게 돈을 빌렸다면
'연 4.6% 이자'를 납부해야

●

아무리 가족이라도 돈을 주고받을 때 반드시 남겨야 할 게 있다.
돈 '꼬리표'를 남겨야 과중한 세금은 물론 가족 다툼을 막는다.
부모에게 돈을 빌렸다면 어떻게 해야 증여세 부담을 피할까?

2020년 초 직장인 임모(36)씨는 8억 원 상당의 서울권 아파트를
구입하기 위해 은행에서 주택담보대출을 알아봤다. 서울은 투기
지역으로 묶여 있어서 매매가의 40%인 3억 2,000만 원을 빌릴
수 있었다. 전세금을 비롯해 가지고 있는 주식과 예금을 합쳐도
나머지 돈이 부족했다. 결국 얼쩔 수 없이 부모에게 2억 원을 빌
리기로 했다.

이때부터 임씨는 고민이 됐다. 돈을 갚는 조건으로 부모에게
돈을 빌렸더라도, 대출을 증빙할 수 있는 자료가 없으면 증여로
볼 수 있다는 얘기를 세무사 지인을 통해 들었기 때문이다. 그렇

다면 가족간 돈 거래에서도 은행에서 대출받는 것처럼 이자를
지급해야 할까?

가족간 돈 거래 시 '차용증'을 작성하는 게 유리

결론부터 얘기하면, 부모에게 돈을 빌렸다면 매달 '이자'를 갚아
야 한다. 세법에서 정하는 이자율은 연 4.6%다. 고금리인 신용한
도 대출의 3%대 이자보다 높다. 그렇다고 이자를 낮춰 내면 덜
낸 이자를 증여에 포함시킨다. 다만 덜 낸 이자가 연간 1,000만
원을 넘기지 않는다면 증여세 대상에서는 제외해준다.

또한 가족끼리 돈 거래를 할 때는 차용증을 작성해두는 게 유
리하다. 돈을 빌렸다는 것을 문서로 남겨두는 것이다. 원종훈 KB
국민은행 WM투자자문 부장(세무사)은 "가족간에 아무리 적은 돈
이라도 자금출처를 남길 수 있도록 차용증을 작성해두는 게 안
전하다"고 조언했다. 그는 "차용증에는 빌린 금액과 만기는 기본
이고 이자율과 이자지급 기일까지 정확하게 표시해줘야 한다"며
"약속한 대로 만기에 돈을 갚고, 이자지급 기일에 맞춰 이자를 갚
아야 증여가 아니라 빌린 돈임을 인정받을 수 있다"고 했다.

이처럼 가족이라도 돈을 주고받을 때는 '꼬리표'를 남겨야 과
중한 세금은 물론 가족간의 다툼을 막을 수 있다.

결혼축의금도 자금 출처를 명확하게 해야 한다. 축의금은 원칙적으로 비과세 대상이다. 하지만 부모 명의로 들어온 축의금을 자녀에게 줄 경우엔 증여로 볼 수 있다. 사회적 관행으로 혼주인 부모의 결혼 비용을 덜어주기 위해 축의금을 내는 경우가 많기 때문이다.

이때 부모의 지인들이 결혼식 하객으로 참석해 자녀에게 직접 전달했다는 자료(하객 명부, 축의금 내역 등)가 있다면 증여세 과세 대상에서 제외된다. 익명을 요구한 금융권 세무사는 "통상 축의금이 2,000만~3,000만 원을 넘기지 않기 때문에 별다른 문제가 없다. 하지만 2억 원 이상을 넘어서면 축의금 내역을 따져서 증여세를 물 수 있다"고 설명했다.

세뱃돈을 10년간 불려줬다간 '증여세' 폭탄

직장인 윤모(40)씨는 2019년부터 1,000만 원가량을 국내 주식과 펀드에 투자했다. 10년을 내다보고 묻어둘 수 있는 유망한 기업과 국내외 주식형 펀드를 공들여 선별했다. 자녀가 명절 때마다 받은 세뱃돈과 친척들이 준 용돈을 모아 만든 목돈이기 때문이다.

윤씨처럼 자녀가 할아버지나 친척들에게 받은 용돈을 모아 투자를 했다면 증여일까? 기본적으로 부모가 자녀에게 주는 생활비와 용돈, 학자금 등의 일상적인 금전 거래는 세금을 물지 않는다. 하지만 비과세 항목인 용돈이나 세뱃돈을 쓰지 않고 모아서 넘겨준다면 증여로 판단할 수 있다는 게 전문가들 의견이다. 세법에서는 무상으로 자금이 이전되면 증여세를 납부하게 돼 있다. 단, 가족간에는 10년 단위로 증여세를 일정 부분 면제해주고 있다. 부부간 증여는 6억 원까지, 성인 자녀는 5,000만 원(미성년자는 2,000만 원)까지는 증여세를 물지 않는다. 형제나 친족은 1,000만 원까지 증여세가 없다. 원 부장은 "가장 효율적인 방법은 자녀가 용돈을 받을 때마다 자녀 본인 명의의 계좌에 입금해주는 것"이라고 조언했다.

가족간 돈 거래, 국세청이 다 알까?

이때 궁금증이 생길 수 있다. 국세청이 가족간 내밀한 금전 거래를 어떻게 파악해 세금을 매기는지다.

가장 기본적인 방법은 부동산 취득자금 출처 조사다. 주택을 산 사람의 직업과 연령, 소득 등으로 따져봤을 때 혼자 힘으로 취득하기 어려워보이는 대상자를 선별한다. 2018년 뚜렷한 소득이 없는 36세 주부가 서울 강남구 등지의 25억 원 아파트를 4채나 샀다가 조사 대상에 올랐다. 이런 경우 자금 출처를 입증하지 못하면 증여세를 부과해야 한다.

조사 과정에서 부모에게 빌린 돈으로 아파트를 취득했다는 것을 증명했다고 해서 끝난 것은 아니다. 돈을 다 갚을 때까지 국세청의 사후 확인이 이어진다. 특히 취득자금으로 소명한 부채를 본인의 경제력으로 갚는지를 중점적으로 살펴본다.

염기자의 정리박스

부모와 자녀간의 돈 거래는 주의해야 한다. 국세청이 증여로 보고 세금을 물릴 수 있어서이다. 용돈, 학비 등의 일상전인 금전거래는 괜찮다. 하지만 부모가 자녀의 용돈이나 세뱃돈을 모아서 주식 등에 투자한 뒤 넘겨주면 증여로 판단할 수 있다. 또한 자녀가 부모에게 돈을 빌릴 때는 차용증을 쓴 뒤 매달 이자를 갚는 게 안전하다. 증여가 아니라 돈을 갚는 조건으로 돈을 빌렸다는 것을 증명하는 자료를 남겨두는 것이다.

"고생했어, 이 집은 당신 줄게"
남편의 말로 한 증여, 통할까?

●

이혼 상담하러 온 부부들이 빠짐없이 들고 오는 게 '각서'라고
변호사들이 입을 모은다. '한 번 더 잘못하면 재산을 포기한다' 등의
재산분할 포기 각서나 구두로 남긴 증여 계약은 법적인 효력이 있을까?

"그동안 고생 많았어. 이 아파트는 당신 줄게."

올해로 결혼 15년차인 이모(52)씨가 아침에 눈뜨자마자 듣게
된 자신의 목소리였다. 화들짝 놀라 깨보니 아내 손에 쥔 휴대폰
녹음기에서 자신의 목소리가 흘러나오고 있었다. 지난밤 술에 취
해 기분이 좋아진 그가 아파트 명의를 아내에게 넘겨주겠다고
덜컥 약속한 것이다. 이후 아내는 틈만 나면 "구두 계약도 계약
이니, 아파트를 넘겨달라"고 했다.

실제 A변호사의 고객 상담 사례다. 그렇다면 이씨가 기억하지
못하는 약속이 담긴 녹음도 증여 계약으로 인정할까?

구두 계약도 계약,
하지만 증여는 제외?

원칙적으로 구두 계약도 계약이 될 수 있다. 다만 증여 계약만은 예외적으로 없던 일로 할 수 있다. 상속·증여 전문 변호사와 이혼소송 전문가의 공통된 답변이다. 방효석 법무법인 우일 변호사는 "만일 사례자 아내가 아파트를 넘겨달라고 소송을 하더라도 남편이 문서로 '증여를 약속한 일이 없다'고 하면 청구는 기각된다"고 했다.

법적으로 '경솔한 증여'를 막기 위한 장치다. 법상 서면으로 작성하지 않은 증여계약은 각 당사자가 해제할 수 있도록 한 것이다. 단, 이때도 주의할 점이 있다. 이미 배우자에게 소유권 이전등기를 넘겨주었다면 수차례 "증여한 적이 없다"고 반박해도 다시 돌려받긴 어렵다.

혼인 중의 재산분할 포기 각서는
효력 없어

이처럼 부부간 계약에 잘못 알려진 정보가 많다. 각서와 관련한 오해도 많은데, 이혼 상담하러 온 부부가 빠짐없이 들고 오는 게 바로 '각서'다. 방 변호사는 수십 장씩 각서를 담아오는 사람도 있다고 했다. 이들의 각서에 적힌 내용은 '한 번 더 잘못을 하면 이혼 시 전 재산을 포기한다'였다.

하지만 혼인 중에 쓴 재산분할 포기 각서는 법적인 효력이 없다. 공증을 받았다 해도 마찬가지다. 재산분할 제도는 부부가 혼인 기간 동안 모은 실질적인 공동재산을 청산해 분배하는 데 목적이 있다. 부부가 갈라설 때 비로소 발생하는 권리가 재산분할 청구권이다. 이 권리를 혼인 중에 미리 포기할 수는 없다는 얘기다.

방 변호사는 "이혼의 자유를 보장해주는 목적도 있다"고 말했다. '이혼 시 재산분할을 요구하지 않겠다' 등의 내용이 담긴 재산분할 포기 각서는 한쪽의 강요에 의해 작성될 가능성이 크기 때문이다. 예를 들어 이혼을 하고 싶은데 재산분할을 안 해줄까 두려워 못할 수도 있다는 것이다. 반대로 재산분할 포기 각서를 담보로 이혼을 요구할 수도 있다.

물론 각서도 제대로 쓰면 효력은 있다. 부부계약 취소권 제도가 2012년 사라졌기 때문이다. 10여 년 전만 해도 부부간의 계약은 언제든지 취소할 수 있었다. 수십 장 각서를 써도 효력이 없었다. 하지만 이 제도가 폐지되면서 얘기가 달라졌다. 부부간 각서도 일반적인 계약과 똑같아진 것이다.

다만 불공정한 법률행위를 내용으로 하는 각서는 여전히 종이조각에 불과하다. 부부가 상대방에게 심리적 압박을 주기 위해 내놓는 카드가 각서다. 흔히 '한 번만 더 술을 마시고 외박을 하거나 바람을 피우면 배우자에게 10억 원을 준다' 등의 각서를 쓰는 경우가 많다. 이때 액수가 지나치게 크면 각서 효력은 크지 않다. 또한 일방적인 강요나 협박에 의한 각서도 무효다.

변호사들은 "이혼 조건 없이 증여 계약서 쓰듯 구체적으로 써야 한다"고 강조한다. 단순히 '아파트 명의를 넘겨준다' 식이 아니라 증여시기, 부동산 증여에 필요한 모든 비용. 계약을 어길 시 조건 등을 상세하게 적어둬야 계약서로 증명할 수 있다고 덧붙였다.

그렇다면 각서는 공증 절차를 거쳐야 할까? 대다수가 오해하는 부분이다. 공증은 판결문이 아니라 법률행위가 있었다는 것을 확인해주는 절차다. 공증을 받더라도 법 원칙에 어긋나면 각서는 효력이 없을 수 있다. 또한 각서는 자필로 서명하고 인감 도장을 받으면 공증을 받지 않더라도 인정받을 수 있다고 한다.

염기자의 정리박스 +

부부간 계약서를 쓸 때는 이혼 조건을 달지 않고 구체적으로 써야 한다. 단순히 아파트 명의를 넘겨준다는 게 아니라, 부동산 증여에 필요한 비용, 계약을 어길 시 조건 등을 상세하게 적어둬야 계약서로 증명할 수 있다. 또한 다음의 2가지를 주의해야 한다. 첫째, 만일 증여 계약을 서면이 아닌 구두 계약으로 남기면 계약을 해제할 수 있다. 둘째, 혼인 중 재산분할 포기 각서도 법적인 효력이 없다. 부부가 갈라설 때 비로소 발생하는 권리가 재산분할 청구권이기 때문이다.

"며느리야, 이혼하면 상가는 안 준다"
이혼계약서 쓰는 부자들

요즘 이혼계약서가 자산가들 사이에서 인기를 끈다.
결혼을 앞둔 자녀가 나중에 혹시라도 이혼할 경우를 대비해
재산분할 조건 등을 정해두는 서류가 이혼계약서다.

재벌 2세와 결혼한 박유하씨는 행복하지 않은 삶에 이혼을 결심
한다. 딸의 갑작스러운 결정에 놀란 아버지는 사위의 회사를 찾
아간다. 그곳에서 딸의 시누이와 마주친다. 딸의 시누이는 "회사
에 찾아오지 않기로 한 각서를 잊었느냐"며 화를 낸다. 그러면서
"계약서를 보면 한푼도 안 줘도 되지만 위자료는 챙겨주겠다"고
생색을 낸다.

사실 박씨는 시댁의 엄청난 반대를 뚫고 결혼했다. 결혼 당시
시댁은 '친정에 아무런 물질적 도움을 주지 않겠다'는 내용을 담
은 혼전계약서를 내밀었다. 박씨는 결혼을 위해 혼전계약서에 사

인을 한 것이다. 2018년 방영된 드라마(KBS2 〈같이 살래요〉)의 한 장면이다.

최근 들어 부자들이
재산 지킬 수단으로 선호

이처럼 드라마에서나 볼 법한 이혼계약서가 서울 강남 등지의 고액자산가들 사이에서 유행처럼 확산하고 있다. 이혼계약서는 결혼을 앞둔 자녀가 나중에 혹시라도 이혼할 경우에 대비해 재산분할 조건 등을 정해두는 서류다. '부부재산계약'을 근거로 소유한 재산에 대한 소유권과 관리 주체를 명확하게 구분할 수 있다. 민법 829조에 따르면 '부부가 혼인 전에 재산에 관하여 약정한 뒤 이 사항을 등기하면 승계인 또는 제 삼자에게 대항할 수 있다'고 명시하고 있다. 혼인신고 전에 써야 하기 때문에 '혼전계약서'라고도 부른다.

자녀가 결혼하기 전에 혼전계약서 상담을 위해 부모가 변호사나 금융회사의 프라이빗뱅킹(PB) 센터를 찾는 경우도 적지 않다. 곽종규 KB국민은행 변호사(WM투자자문부)는 "고액자산가들은 자녀가 결혼할 때 부동산을 포함해 상당한 재산을 넘겨주는 게 일반적"이라며 "이들은 이혼으로 증여 재산이 사위나 며느리에게 넘어가지 않도록 하는 방법에 관심이 많다"고 말했다. 방효석

년도	이혼건수
2010	11만 6,858건
2011	11만 4,284건
2012	11만 4,316건
2013	11만 5,292건
2014	11만 5,510건
2015	10만 9,153건
2016	10만 7,328건
2017	10만 6,032건
2018	10만 8,684건
2019	11만 831건
2020	10만 6,500건

자료: 통계청

법무법인 우일 변호사는 "요즘 이혼부부가 늘면서 부자들은 재산을 지키기 위한 안전장치로 이혼계약서를 써두길 원한다"고 덧붙였다.

최근 서울 강남권에 50억 원 상당의 부동산을 소유한 70대 이모씨는 법무법인을 찾아 '이혼계약서' 문제를 상담했다. 40대 초반의 아들이 20세 가까이 나이 차이가 나는 여성과 결혼하겠다고 해서다. 예비 며느리가 탐탁치 않았던 이씨는 마지못해 결혼을 허락하면서 조건을 달았다. 혹시라도 둘이 이혼하게 되면 이씨가 아들에게 증여한 20억 원 상당의 서울 소재의 상가는 재산분할 대상에서 제외하는 내용이었다. 이씨는 변호사의 도움을 받아 결혼 전 계약서에 이런 조건을 구체적으로 명시하기로 했다. 이혼계약서를 변호사 사무실에서 작성하면 300만~500만 원의 비용이 든다.

재산다툼 시에
유리한 근거로 활용

하지만 이혼계약서를 쓴다고 무조건 법적 효력이 생기는 것은 아니다. 이혼전문 변호사인 이인철 법무법인 리 대표는 "한국 법원은 아직까지 계약서 내용을 그대로 인정해주지는 않는다"면서 "하지만 최근 계약서를 근거로 재산을 분할하는 게 추세여서 한국도 점차 바뀔 수 있다"고 내다봤다.

기본적으로 이혼 소송이 진행되면 재산 형성 기여도에 따라 재산분할 비율이 달라진다. 이혼계약서의 법적 효력은 제한적이지만, 만일 재산 다툼이 생기면 유리한 근거로 활용할 수 있다. 예컨대 부부가 혼인하기 전부터 갖고 있던 재산과 부모에게 물려받은 재산은 공유 재산이 아닌 부부 한쪽의 재산(특유재산)으로 인정받을 수 있어서이다. 방 변호사는 "혼인 전 증여받은 재산의 소유권이나 관리방식을 명확하게 해두면 이혼 소송 시 혼인 후 늘어난 부분만 나눌 가능성은 커진다"고 조언했다.

이혼계약서의 핵심은 부부의 재산 목록이다. 결혼 전 부부 각자의 재산은 물론 급여 등도 구체적으로 적는 경우가 많다. 빚이 있다면 어느 은행에서 어떤 용도로 빌렸는지 등도 정확하게 적는 게 이혼 후 재산 다툼을 줄일 수 있다고 변호사들은 조언한다. 다만 급여나 퇴직금 등은 부부의 공유재산으로 간주해 이혼할 때 재산분할 대상이 될 수 있다.

주의할 점도 있다. 이혼계약서는 일단 작성하면 사기, 강요 등을 제외하면 혼인 중에는 부부의 합의에 따라 해지하거나 내용을 바꾸기 어렵다. 무엇보다 한쪽에게만 지나치게 유리하게 작성되면 법적 효력은 사라진다. 그러므로 최대한 전문가의 도움을 받아 공정하게 작성할 필요가 있다

염기자의 정리박스

이혼계약서를 쓴다고 해서 무조건 법적 효력이 생기는 게 아니다. 다만 재산 다툼이 생기면 적어도 부부가 혼인하기 전부터 갖고 있던 재산은 각자의 재산으로 인정받을 가능성이 있다는 게 변호사들 얘기다. 이혼계약서의 핵심은 '부부의 재산 목록'이다. 결혼 전 부부 각자의 재산은 물론 빚까지 구체적으로 적어야 재산 다툼을 줄일 수 있다. 주의할 점은 사기, 강요 등을 제외하고 일단 작성하면 계약을 해지하거나 내용을 바꾸기 어렵다는 것이다.

"집 줄게, 효도해라"
효도도 계약서 쓰는 시대

•

한국도 고령사회로 접어들면서 효도계약서에 대한 관심이 커졌다.
집 한 채가 전부인 노부부가 부모를 봉양한다는 자녀의 말만 믿고
집을 증여했다가 경제적으로 어려움을 겪는 사례가 증가했기 때문이다.

2003년 유씨는 아들에게 시세 10억 원이 넘는 2층짜리 단독주택을 물려줬다. 그런데 유씨는 한 가지 조건을 내밀었다. 한집에 함께 살면서 부모를 충실히 부양한다는 각서였다. 약속을 지키지 않는다면 모든 계약을 원상태로 돌린다는 내용도 담았다.

그러나 아들 내외는 한집에 살기만 할 뿐 식사도 함께하지 않았다. 모친이 지병으로 거동이 불편해지자 병간호는 간병인과 따로 사는 누나에게 맡겼다. 이뿐만 아니다. 아들은 부모에게 요양시설을 권유했다. 참다못한 유씨는 아들을 상대로 재산을 돌려달라는 소송을 했고, 법원은 유씨의 손을 들어줬다.

효도계약서는
'조건부 증여'의 일종

상속과 증여는 골치 아프고 복잡한 사안이다. 세금이나 법적인 문제뿐만 아니라 상속과 증여, 부양 의무 등을 둘러싼 가족간의 갈등과 분쟁도 빚어질 수 있어서이다. 이런 가운데 주목받는 게 바로 효도계약서다.

효도계약서는 부모가 생전에 자녀에게 재산을 줄 때 효도라는 조건을 내세울 때 쓰는 계약서다. 원래 민법에 있는 '조건부(부담부) 증여'의 일종이다. 자녀뿐 아니라 손자, 며느리, 사위 등 누구에게나 재산 증여 조건으로 계약서를 쓸 수 있다.

사례 속 유씨도 효도계약서 덕분에 소송에서 유리할 수 있었다. 당시 재판부는 "조건부(부담부) 증여에서 부담 의무가 있는 상대방이 의무를 이행하지 않았을 때는 증여계약이 이행됐더라도 증여자는 계약을 해제할 수 있다"고 했다. 즉 약속대로 효도하지 않는다면 증여계약을 해제할 수 있다는 얘기다.

2015년 말 효도계약을 어긴 아들에게 "70대 부친이 증여한 재산을 반납하라"는 대법원 판결이 나오면서 효도계약서에 대한 사회적 관심은 더 커졌다. 고액자산가 사이에선 이미 오래 전부터 인기를 끌었다. 곽종규 KB국민은행 WM투자자문부 변호사는 "연세가 많은 자산가는 자녀나 며느리에게 한 달에 한 번 손자와 함께 본인의 집을 방문하라는 식의 조건으로 아파트·상가 등 부동산을 증여하는 사례가 많다"고 말했다. 방효석 법무법인 우일 변호사는 "얼마 전 40억 원의 재산을 보유한 70대 사업가가 효도계약서를 작성한 후 며느리에게 5억 원 상당의 상가를 물려줬다"고 했다. 역시나 조건부 증여였다. 한 달에 한 번 손자와 함께 자신의 집으로 방문하고, 일주일에 한 번 전화하라는 게 조건이었다.

계약서 쓸 땐
'효도 조건'을 구체적으로 명시

효도계약서는 어떻게 작성해야 할까? 전문가들은 효도계약서가 법적 효력을 갖기 위해서는 효도의 조건을 구체적으로 명시해야 한다고 입을 모았다. 단순히 '부모를 잘 모셔야 한다'가 아니라 구체적인 방법을 상세하게 명시해야 한다는 얘기다. 예를 들어 매년 5회 이상 피상속인의 집을 방문하고, 병원에 입원하면 입원비와 일부 생활비를 퇴원할 때까지 지급한다는 식이다. 변호사들 얘기로는 부자들은 '한 달에 한 번 이상 본인의 집을 방문하고 일주일에 한 번 이상 전화하라'는 조건을 가장 많이 쓴다고 한다.

계약상 부양의무를 위반할 때 증여계약을 해제한다는 내용을 담은 문구는 반드시 넣어야 한다. '효도 조건을 이행하지 않는다면 물려준(증여) 재산은 반환한다'는 조항이다. 이 조항이 일반 증여와 효도계약서와의 차이점이다. 일반 증여는 재산 소유권이 자식 등에게 넘어가면 취소할 수 없다. 이와 달리 효도계약서를 작성해두면 조건부 증여이기 때문에 계약을 해제할 수 있다. 즉 효도계약서가 법적 근거가 된다.

또 하나, 피상속인 생전에는 증여한 재산을 제삼자에게 처분하지 않는다는 조건도 빼놓지 않아야 한다. 혹시라도 자식이 재산을 모두 탕진했다면 효도계약서의 효력을 발휘할 수 없어서다. 따라서 이 조건도 어긴다면 물려준 재산은 다시 돌려줘야 한다는 문구를 적어놓는 게 안전하다는 것이 변호사들 얘기다. 만일의 법적 분쟁을 막기 위해서다.

효도를 어떻게 계약(법)으로 강제할 수 있느냐는 일각의 비판도 있다. 하지만 요즘 집 한 채가 전부인 노인도 부양의 조건을 걸고 집을 물려주길 원한다. 재산은 한 번 물려주면 돌려받기 어렵다. 인구고령화로 오래 살 것을 대비해야 할 은퇴자들에겐 효도계약서가 안전한 법적 장치가 될 수 있다.

염기자의 정리박스

효도계약서가 법적 효력을 발휘하려면 효도의 조건을 상당히 구체적으로 명시해야 한다. 특히 '계약상 부양의무를 어기면 증여 계약을 해제한다'는 문구는 반드시 넣어야 한다. 또한 '피상속인 생전에는 증여한 재산을 제삼자에게 처분하지 않는다'는 조건도 빼놓지 않아야 한다.

형제간 재산싸움을 막으려면
부모의 유언장이 필수

●

유언장 작성은 가족간 분쟁을 줄이는 데 도움이 된다.
유언장 작성 방식은 자필증서를 비롯해 녹음, 공정증서 등이 있다.
이 중에서 자필증서와 공정증서를 가장 많이 사용한다.

2020년 고 김대중 전 대통령과 고 이희호 여사의 재산을 둘러싼 이복형제간의 재산 다툼이 있었다. 2019년 6월 별세한 이 여사는 '자신이 소유한 동교동 사저를 김대중·이희호 기념관으로 사용하되, 만약 지방자치단체나 후원자가 사저에 대한 보상을 해준다면 3분의 1은 김대중 기념사업회에 기부하고, 나머지 3분의 2는 세 아들에게 똑같이 나눠준다'고 유언했다.

하지만 셋째인 김홍걸 의원이 "유언장에 형식상 흠이 있어 법적 효력이 없다"고 주장한다. 법적 분쟁을 했던 이들은 2021년 6월 이 여사 2주기를 계기로 화해했다.

자필증서 전문은
유언자가 작성해야

유명인이 아니어도 주변에서 상속 다툼을 접하는 건 어렵지 않다. 시댁이 상당히 부자라는 얘기를 종종 듣던 사촌언니가 있었다. 수년 전 시아버지가 떠나신 뒤 최근 시어머니가 돌아가셨을 때 장례식이 끝난 뒤 형제들은 인사 없이 뿔뿔이 흩어졌다는 얘기를 들었다. 재산을 증여·상속하는 과정에서 누가 얼마를 더 가져갔다는 식의 생채기가 다툼으로 이어진 것이다.

이처럼 형제·자매간 재산 다툼을 줄이는 데 도움이 되는 게 있다. 바로 유언장 작성이다. 부모가 유언을 통해 재산 분배 의사를 명확하게 해놓는다면 가족간 분쟁을 줄일 수 있다. 실제 피상속인 부모가 사망한 후 유산을 두고 가족이 싸우는 경우가 많다.

형제간 다툼이 적어도 소송으로 번지는 것을 막는 데 유언장 작성이 도움이 된다. 민법에서 인정하는 유언 방식은 보통 방식과 특별 방식으로 나뉜다. 보통 방식은 자필증서, 녹음, 공정증서, 비밀증서 등이 있고, 특별 방식으로는 구술증서가 있다.

이 중에서 가장 많이 쓰는 방식은 자필증서와 공정증서다. 기본적으로 재산규모가 크지 않고 가족간 분쟁 우려가 낮다면 자필증서 유언도 유용하다. 타인이 관여하지 않기 때문에 비용이 들지 않는데다 만 17세 이상이면 누구나 혼자 할 수 있다는 게 장점이다. 다만 위·변조 가능성이 있기 때문에 법원이 요구하는 형식을 따라야 법적 효력을 갖출 수 있다. 손으로 직접 쓴 전문, 작성 연월일, 주소, 유언자가 직접 쓴 성명과 날인, 이 4가지 형식은 빠짐없이 지켜야 한다.

먼저 유언의 전문은 유언자가 직접 손으로 써야 한다. 다른 사람이 대신 쓰거나 컴퓨터로 작성하는 즉시 유언장의 효력은 사라진다. 작성 날짜도 유언자가 직접 '○○○○년 ○월 ○일'로 작성해야 한다. 다만 '회갑일에' '결혼기념일에' 등 유언 작성의 날을 정확히 알 수 있는 경우는 인정한다. 여기서 주소는 유언자가 살고 있는 곳이다. 가장 중요한 핵심은 날인, 인장 또는 도장을 찍는 것이다. 과거 날인을 하지 않아 유언이 무효가 된 법원 판례가 남아 있다. 성명은 유언자가 자신의 이름을 직접 써도 되지만 호나 예명을 사용해도 된다.

동영상으로 촬영한 유언장도 인정

그렇다면 자필증서 유언을 손쉽게 휴대전화로 동영상을 촬영하면 어떨까? 방효석 법무법인 변호사는 "녹음에 의한 유언으로 인정받을 수 있다"고 했다. 방법도 쉽다. 유언자가 유언 내용을 녹음(녹화)하고 유언자의 이름과 유언을 한 정확한 날짜를 말하면 된다.

종류	작성방법	유의점
자필증서	유언자가 직접 유언 내용을 작성	'손으로 직접 쓴 전문, 작성 연월일, 주소, 유언자가 직접 쓴 성명과 날인'을 지켜야 유효
녹음	유언자가 유언 내용을 녹음한 뒤 증인이 참여해 유언 내용을 확인	유언으로 이익을 얻는 사람이나 그의 배우자와 직계혈족은 증인으로서 결격사유
공정증서	두 명의 증인 앞에서 유언을 남기면 공증인이 유언장을 작성하고 보관	절차가 복잡하고, 약 300만 원 이상의 비용이 소요

이때 주의할 점이 있다. 녹음에 의한 유언은 자필증서와 달리 증인이 필요하다. 증인이 본인의 신분을 밝힌 뒤 그 유언이 정확히 녹음되었는지를 확인해줘야 한다. 이때 유언으로 이익을 받을 사람과 그의 배우자와 직계혈족은 증인으로서 결격사유가 되어 증인이 될 수 없다. 방 변호사는 "요즘 영상도 딥페이크 기술 등으로 조작이 가능하기 때문에 증인여부가 중요해졌다"며 "실제 증인을 채택하지 않고 휴대폰 영상으로 유언을 남긴 A씨의 20억 재산을 두고 형제간 법적 다툼으로 이어졌다"고 했다.

가족간 법적 다툼 여지가 있다면 공정증서에 의한 유언이 낫다. 유언자는 두 명의 증인 앞에서 공증인에게 유언의 취지를 얘기하고, 공증인은 이 내용을 유언장으로 만든 것이다. 공증인은 유언자와 증인에게 작성한 내용이 정확한지를 확인받은 뒤 유언자에게 서명이나 날인을 하도록 한다. 공정증서는 자필증서 유언과 달리 절차가 복잡하고 약 300만 원 이상의 비용이 든다. 하지만 유언장 원본을 공증인이 보관하기 때문에 분실·위조·변조 등의 위험이 없고, 검증하는 절차를 거치지 않아도 된다.

유언장을 작성할 때 한 가지 팁이 더 있다. 처음부터 가족간 재산을 두고 다툼이 일지 않도록 재산을 최대한 골고루 분배하는 것이다.

염기자의 정리박스 +

자필증서 유언은 비용이 들지 않기 때문에 부담이 적다. 다만 위·변조 가능성이 있어 법원이 요구하는 형식을 따라야 한다. 손으로 직접 쓴 전문, 작성 연월일, 주소, 유언자가 직접 쓴 성명과 날인, 이 4가지는 빠짐없이 지켜야 한다. 또한 자필증서 유언을 손쉽게 동영상으로 촬영(녹음)해도 유언으로 인정된다. 녹음에 의한 유언은 증인이 필요한데, 증인이 본인의 신분을 밝힌 뒤 유언이 정확하게 녹음되었는지를 확인해줘야 한다.

떠난 딸 몫을 원하는 사위,
한푼도 주기 싫은 장인의 방어책은?

2020년 금융사의 유언대용 신탁에 1년 이상 맡긴 자산은
'유류분' 적용 대상이 아니라는 판결이 나왔다. 판결이 뒤바뀌지 않는 한
신탁자는 유류분 분쟁 걱정 없이 상속 계획을 세우고 실행할 수 있다.

중소기업을 운영하다가 5년 전에 은퇴한 김기철(82·가명)씨는 요즘 상속에 대한 고민으로 밤잠을 못 이루고 있다. 아들과 첫째 딸에게 자신의 재산을 나눠줄 속내를 비치자 막내 사위가 크게 반발하면서다.

막내딸은 5년 전 암으로 세상을 떠났다. 김씨는 막내 사위가 대습 상속인 자격으로 죽은 딸 몫의 상속재산 일부분(유류분)을 요구할 수 있다는 사실을 최근에야 알았다. 당초 계획대로 아들과 첫째 딸에게 재산을 물려줬다가는 막내 사위가 유류분 반환 청구 소송을 할 게 불 보듯 뻔했다. 하지만 그는 "생전 수년간 막

내딸이 사위 때문에 마음고생 한 걸 생각하면 사위에게 한푼도 안 주고 외손녀만 챙기고 싶다"고 토로했다.

신탁자산은
유류분에 포함 안 돼

김씨가 막내 사위를 제외한 상속을 하면서 유류분 분쟁을 막을 방법이 있을까? 전문가들은 가족간 갈등 없이 재산을 상속·증여하는 방법으로 유언대용 신탁을 꼽는다.

유언대용 신탁은 신탁자(유언자)가 보험을 제외한 전체 자산을 맡기면 금융회사가 피상속인 생전에는 자산을 관리하고, 사후에 집행을 책임지는 서비스다. 특히 2020년 금융사의 유언대용 신탁에 1년 이상 맡긴 신탁자산은 '유류분' 적용 대상이 아니라는 법원 판결이 처음으로 나왔다. 유류분은 피상속인 의사와 상관없이 상속인이 받을 수 있는 최소한의 유산 비율이다.

현재 민법상 유류분의 범위는 피상속인 생전에 증여한 재산이나 상속이 이뤄지는 시점에 고인이 갖고 있던 재산 또는 사망하기 1년 이내에 제3자에게 증여한 재산으로 본다. 하지만 유언대용 신탁에 1년 이상 맡긴 신탁재산은 유언자 사후에 수익자(상속인) 소유가 되기 때문에 증여로 보기 어렵고, 소유권은 이미 은행이 갖기 때문에 상속재산에 포함되지 않는다는 게 재판부의 판단이었다. 방효석 법무법인 우일 변호사는 "앞으로 판결이 뒤바뀌지 않는 한 신탁재산은 유류분 다툼을 피할 수 있다"고 말했다.

유언대용 신탁 서비스(상품)는 2010년 하나은행의 '리빙트러스트'를 시작으로 은행과 증권사에서 다양하게 출시되고 있다. 배정식 하나은행 100년 리빙트러스트 센터장은 "유류분 판결 영향으로 2020년(유언대용 신탁 관련) 상담 건수는 1,025건으로 1년 전보다 2배로 늘었다"고 했다.

유언대용 신탁은 구체적인 유언 계획을 세우고 실행할 수 있다는 게 강점이다. 금융사가 신탁자의 재산을 맡아 집행하기 때문이다. 사례 속의 김씨도 유언대용 신탁을 통해 외손녀에게 재산이 안전하게 상속될 수 있도록 설계할 수 있다. 손녀에게 매년 학비 등을 제공하다가 서른 살이 되면 신탁 계약을 해지해 재산을 물려준다는 식의 조항을 넣으면 된다.

중소기업을 운영하고 있는 나모(65)씨는 올해 고등학생이 된 늦둥이 아들이 항상 걱정이다. 그의 자금을 운용하는 프라이빗뱅커(PB)의 권유로 유언대용신탁에 가입했다. 현금 10억 원을 맡긴 뒤 자신이 치매에 걸리거나 사망할 경우 아들이 성년이 될 때까지 매달 300만 원의 생활비를 지급하다가 대학 졸업 후 신탁 계약을 해지하고 아들에게 재산을 물려준다는 내용으로 계약했다.

원종훈 KB국민은행 WM투자자문 부장은 "요즘 자산가들은 자녀가 상속재산에 기대 안일해지지 않게 학업이나 취업 등 성과 달성 조건으로 재산을 물려주는 경우가 많다"며 "한마디로 유언대용 신탁을 통해 피상속인 의지대로 유언을 설계할 수 있다"고 했다.

자녀를 거쳐 손자까지 '대물림' 상속 설계

유언대용 신탁은 유언장과 달리 '세대 연속' 상속도 가능하다. 유언장은 최초 상속인만 지정할 수 있지만, 유언대용 신탁은 피상속인 사망 이후에도 유산이 자녀를 거쳐 손자에게 이어질 수 있다. 예컨대 자녀에게 매달 300만~400만 원씩 생활비를 지급하다가 손자가 성년이 되면 신탁 계약을 해지하고 손자에게 재산을 물려주는 방식이다.

ㅣ 상속인별 청구 가능한 유류분 비율 ㅣ

상속인	유류분 비율
피상속인자녀	법정상속분의 1/2
피상속인의 배우자	법정상속분의 1/2
피상속인의 부모·조부모	법정상속분의 1/3
피상속인의 형제·자매	법정상속분의 1/3

자료: 방효석 변호사

유언대용 신탁은 오래 살 것을 대비한 자산관리에도 유용하다. 평균 수명이 길어지면서 치매 등으로 갑자기 건강이 나빠질 것을 염려하는 사람들이 늘고 있다. 치매에 걸리면 본인을 돌보는 것은 물론 자녀끼리 재산 다툼이 생길 수 있는 만큼 이를 막을 수 있다는 것이다. 배 센터장은 "나이 들어 건강이 나빠졌을 때도 매달 병원비를 포함한 생활비가 나오도록 하고, 사망한 뒤 남은 재산을 자녀에게 골고루 나눠준다고 설계하면 노후 걱정을 줄일 수 있다"고 조언했다.

유언대용 신탁은 편리하지만, 비용 부담이 따른다. 수수료는 재산 규모와 관리 방식에 따라 차이는 있다. 금융 자산은 맡긴 금액의 연 0.2~1%를 떼간다. 상가나 오피스텔 등 부동산을 신탁으로 맡기면 연 300만~400만 원 수준의 수수료를 납부해야 한다.

염기자의 정리박스 +

유언대용신탁은 보험을 제외한 전체 자산을 맡기면 금융사가 피상속인 생전에는 자산을 관리하고, 사후에 집행을 책임지는 서비스다. 유언장과 달리 '세대 연속' 상속도 된다. 피상속인 사망 이후에도 유산이 자녀를 거쳐 손자에게 이어질 수 있다. 오래 살 것을 대비한 자산관리에도 도움이 된다. 예컨대 갑자기 건강이 나빠지면 매달 병원비를 포함한 생활비가 나오게 하고, 사망한 뒤에는 남은 재산을 자녀에게 분배하라고 설계할 수 있다.

7배 폭등한 남편의 비트코인,
이혼 때 남편이 "산 적 없다" 잡아떼면?

비트코인 같은 암호화폐는 이혼 시 재산분할 대상에 포함될까?
암호화폐를 아무런 대가 없이 자녀에게 물려준다면?
암호화폐가 급등하면서 그 재산적 가치를 궁금해하는 사람이 많다.

"부부가 헤어지면 남편의 재산인 비트코인도 반반으로 나눠야
하지 않나요?"

최근 이혼 상담을 위해 변호사 사무실을 찾은 주부 김지영(가
명·43)씨의 얘기다. 3년 전 남편이 비트코인에 1억 원을 투자했
는데, 2021년 초 치솟은 가격으로 따져보니 최소 6억~7억 원
은 됐다.

하지만 이혼 얘기가 나온 뒤부터 남편은 "나는 비트코인에 투
자한 적이 없다"며 "네가 찾아볼 수 있으면 찾아보라"고 잡아뗐
다. 분한 마음에 김씨는 변호사 사무실 문을 두드렸다. 김씨는 비

트코인 같은 암호화폐도 이혼 시 재산분할 대상에 포함되는지가 궁금했다.

비트코인도
재산분할 대상

상당수 변호사는 "비트코인도 이혼할 때 재산분할 대상에 포함된다"고 입을 모은다. 방효석 법무법인 우일 변호사는 "이미 2018년 대법원에서 비트코인을 재산적 가치가 있는 무형재산으로 판단해 압류 판결을 내린 적이 있다"며 "암호화폐는 재산으로 봐야 한다"고 했다. 방 변호사는 "최근 비트코인 가격이 급등한 이후 (이혼 소송 시) 암호화폐를 나눠 가질 수 있는지 묻는 상담이 늘었다"고 덧붙였다.

이인철 법무법인 리 변호사는 "개인 운에 영향을 받는 로또·복권을 제외한 주식, 부동산, 퇴직연금 등 거의 모든 재산은 이혼 소송 때 재산분할 대상이 된다"고 말했다. 그는 "암호화폐 역시 부부간 재산형성 기여도에 따라 재산분할 비율이 달라진다"고 설명했다.

문제는 배우자가 암호화폐를 갖고 있는지를 증명해야 한다는 데 있다. 이 변호사는 "2021년 특정 금융거래 정보의 보고 및 이용 등에 관한 법률(이하 특금법)의 시행으로 암호화폐 거래소의 정보제공 의무가 강화됐다"며 "만일 거래소 명칭을 알면 법원을 통한 '문서 제출명령' 신청으로 (배우자의) 암호화폐 투자 규모를 파악할 수 있을 것"이라고 했다.

자녀에게 암호화폐 물려주면
상속·증여세 부과

자산으로서의 암호화폐 가치에 대한 관심뿐만 아니라 암호화폐와 관련한 세금에도 최근 들어 투자자의 관심이 커지고 있다. 정부가 2022년부터 암호화폐로 벌어들인 이익이 연간 250만 원을 넘으면 따로 세금(기타소득세 20%)을 매기겠다고 했기 때문이다.

그렇다면 암호화폐를 아무런 대가 없이 자녀에게 넘겨주면 어떻게 될까? 결론부터 얘기하면, 기타소득세 대신 증여세를 납부해야 한다. 정부 관계자는 "대가를 받고 넘기면 기타소득으로 분류하고, 대가 없이 암호화폐가 이전되면 상속·증여로 봐야 한다"고 말했다.

세무그룹 온세의 양경섭 세무사는 "상증법(상속세 및 증여세법)에 따르면 금전으로 환산할 수 있는 재산적 가치가 있는 모든 권리는 상속·증여 대상에 포함된다"며 "2021년도 암호화폐를 대가 없이 무상으로 자녀에게 넘겨주면 세금 부과 대상이 된다"고 설명을 보탰다.

구분	내용
적용 시기	2022년 1월 1일
평가 대상	국세청장이 고시한 가상자산사업자의 사업장에서 거래되는 가상자산
평가 방법	평가기준일 전·이후 각 한 달 동안 일평균가액의 평균액

자료: 상속세 및 증여세법 시행령

특히 2020년 말 국회를 통과한 소득세법 개정안에는 상속·증여재산 평가 방법이 추가됐다. 그것은 바로 암호화폐(가상자산) 평가 방법이다.

평가 기준일 전·이후 각 1개월 동안 하루 평균가액의 평균액으로 따진다. 즉 두 달간의 암호화폐 가격 변동을 고려해 증여가액을 결정한다는 얘기다.

다만 2022년 1월 1일 이후 상속이 개시되거나 증여하는 암호화폐부터 이 평가 방법을 적용한다. 국세청 관계자는 "새 평가 방법을 적용하기 전까지는 기존 원칙인 평가 기준일(현재)의 시가로 계산한다"고 덧붙였다.

익명을 요구한 금융권 세무사는 "그동안 암호화폐를 상속·증여하겠다며 상담하는 고객은 한 명도 없었다"며 "아직은 암호화폐를 은닉할 수 있다고 생각하는 사람이 많다"고 말했다. 이에 대해 정부 관계자는 "특금법 시행으로 암호화폐 거래소도 금융회사처럼 불법재산 의심 거래나 고액현금거래를 금융당국에 보고해야 한다"며 "과세당국이 거래내역을 추적할 수 있는 만큼 세금을 회피하면 가산세가 부과될 수 있으므로 주의해야 한다"고 했다.

염기자의 정리박스 +

개인 운에 영향을 받는 복권 등을 제외한 주식, 부동산, 퇴직연금 등 모든 재산은 이혼 소송 때 재산분할 대상이 된다. 암호화폐 역시 정부가 무형이지만 경제적 가치가 있다고 판단했기 때문에 재산에 포함된다. 또한 암호화폐를 대가를 받지 않고 자녀에게 넘겨주면 상속·증여세를 납부해야 한다. 증여가액은 평가기준일 전·이후 각 1개월 동안 하루 평균가액의 평균으로 따진다.

현금자산이 10억을 넘으면
'육십분' 전략을 쓰자

한국은 OECD 회원국 가운데 일본 다음으로 상속세 최고세율이 높다.
상속·증여에 따른 세금 폭탄을 피하려면 절세 방안이 필요하다.
다만 전 재산이 10억 원 미만이라면 상속세 걱정은 접어도 된다.

경기도 일산에서 전자부품 공장을 운영하는 강모(64) 사장은 최근 충격적인 얘기를 들었다. 지인의 소개로 한 금융사의 프라이 빗뱅커(PB)에게 상담을 받은 결과, 금융자산 30억 원을 외아들에게 상속할 경우 최고세율 50%가 적용돼 5억 6,000만 원을 세금으로 내야 한다는 것이다.

강씨는 "30년 넘게 열심히 모아온 재산의 20%가량을 세금으로 낼 생각을 하니 눈앞이 캄캄했다"고 말했다. 하지만 "지금이라도 증여 전략을 세우면 세금을 낮출 수 있다"는 PB 얘기에 한숨을 돌렸다. 그는 아들뿐 아니라 며느리와 손자에게 골고루 증여한 뒤 상속하는 방식을 택했다. 아들에게 바로 상속하는 것보다 세금을 40% 이상 아낄 수 있어서다.

세금 폭탄을 피하는
증여 절세 전략 4가지

이처럼 상속·증여에 따른 세금 폭탄을 피하려면 현명한 절세 방안이 필요하다. 한국의 상속·증여세는 5단계 누진세율이 적용되기 때문이다. 1억 원 이하의 상속액엔 과세표준의 10%를 징수하지만, 30억 원을 초과하면 세율이 50%에 이른다. 최고세율은 경제협력개발기구(OECD) 회원국 가운데 일본(55%) 다음으로 높다. 특히 요즘 같은 저금리·고령화시대에는 한푼이라도 세금을 줄이는 게 가장 확실한 재테크다.

노후생활비 빼고도 10억 넘으면 증여하라

상속·증여 절세 플랜의 첫걸음은 피상속인의 전체 재산을 점검하는 일이다. '재산 규모'가 상속을 할지, 아니면 증여를 하는 게 유리할지 판가름하는 기본 잣대다.

결론부터 얘기하면, 재산이 10억 원 미만이라면 상속세 대책이 필요 없다. 일괄공제(기초공제+인적공제, 5억 원)와 배우자상속공제(5억 원)를 적용하면 상속세 부담이 없기 때문이다. 상속인으로 자녀만 있는 경우엔 5억 원까지 공제된다. 여기에 금융재산상속공제·가업상속공제 등 다양한 공제제도를 활용하면 세금을 더 줄일 수 있다.

자산을 쪼개 여러 명에게 나눠주라

상속재산이 10억 원을 훌쩍 넘어섰다면 사전증여가 유리하다. 세무사들은 증여세를 낮추는 방법으로 '육십분(60대부터 10년 단위로 분배) 전략'을 꼽았다.

증여는 피상속인이 한 살이라도 더 젊고 더 건강할 때 해야 한다. 상속 개시일(피상속인 사망)로부터 10년 이내에 증여한 것은 상속재산에 합산해 세율을 부과하기 때문이다. 또한 증여세는 10년 단위로 합산해 과세하기 때문에 10년이란 기간을 잘 활용하면 세금을 줄일 수 있다. 적어도 60대에 증여를 계획한다면 10년 단위로 최소 두 번은 증여를 할 수 있어서다. 증여세 면제 한도인 '배우자에겐 6억 원, 성년 자녀에게는 5,000만 원씩(미성년 자녀는 2,000만 원)' 증여하면 증여세를 내지 않고 상속세를 낮출 수 있다.

분배도 중요하다. 최대한 자산을 쪼개 여러 사람에게 나눠줘야 세금 부담이 준다. 특히 배우자·자녀 등 1차 상속인이 아닌 며느리·사위·손주를 증여 대상으로 넣어야 한다. 이들에게 증여한 재산은 상속 개시일로부터 5년 내 증여한 재산만 상속재산에 더해져 상속세 부담이 줄어든다.

과세표준	세율	누진공제
1억 원 이하	10%	-
1억 원 초과~5억 원 이하	20%	1,000만 원
5억 원 초과~10억 원 이하	30%	6,000만 원
10억 원 초과~30억 원 이하	40%	1억 6,000만 원
30억 원 초과	50%	4억 6,000만 원

자료: 국세청

'세대 건너뛰기' 증여하라

고령화시대에는 할아버지가 손자·손녀에게 미리 재산을 물려주는 세대생략증여에 관심을 가져볼 만하다. 세대를 건너뛴 증여는 절세 효과가 크기 때문이다. 조부모가 부모에게 재산을 물려주고, 다시 부모가 자녀에게 넘겨주는 대물림 증여는 이중으로 세금을 내게 된다. 이에 비해 부모를 거치지 않고 손주에게 물려주면 할증과세(30%)가 돼도 일반 증여를 두 차례 하는 것보다 세금을 줄일 수 있다.

또한 손주는 상속인이 아니기 때문에 상속세 합산기간이 상속 개시일부터 5년 이내로 짧다. 단, 미성년자에겐 20억 원 넘게 재산을 물려주면 세금 부담이 커지기 때문에 주의해야 한다. 조부모가 미성년자인 손자녀에게 20억 원을 초과해 상속이나 증여할 경우 할증률은 기존 30%에서 40%로 올라간다.

현금보다 부동산을 물려줘라

현금보다 부동산을 물려줘야 하는 이유는, 단독주택·상가 등 부동산은 비슷한 매물을 찾기 어려워 공시지가(기준시가)로 평가하기 때문에 금융자산에 비해 증여세를 최소화할 수 있어서다. 다만 아파트는 실거래 사례가 많아 시세를 그대로 적용받는다. 요즘 자산가들은 저금리가 지속되면서 시세차익보다 안정적인 임대수익을 올릴 수 있는 상가·오피스텔 같은 수익형 부동산을 증여하는 사례가 늘고 있다.

염기자의 정리박스

상속재산이 10억 원을 넘어선다면 '육십분(60대부터 10년 단위로 분배) 사전증여 전략'이 도움이 된다. 증여세는 10년 단위로 합산해 과세하기 때문에 10년이란 기간을 활용해 세금을 줄이는 방법이다. 또한 재산은 쪼개 여러 명에게 나눠주는 게 유리하다. 특히 배우자·자녀 등 1차 상속인이 아닌 며느리·사위·손주에게 증여하면 상속 개시일로부터 5년 내 증여한 재산만 상속재산에 합산된다.

평생 일군 회사,
'가업' 승계도 전략이 필요하다

대다수 중소기업 창업자들이 평생을 경영에만 몰두하다가 놓치는 게
바로 가업승계다. 이들이 준비 없이 가업승계에 부닥치는 경우
최대 50%에 이르는 상속세 문제로 기업이 흔들릴 수도 있다.

중소기업을 경영하는 박모(66) 대표는 1992년 창업했다. 그는
컨테이너 박스에서 먹고 자며 전력케이블과 전선용 소재를 개발
했다. 이 제품은 전선 안에 있는 구리·알루미늄 등 금속을 감싸
전류가 균일하게 흐를 수 있도록 돕는 반도전과 외부 충격으로
부터 전선을 보호하는 피복의 소재로 쓰인다. 해외에서도 기술력
을 인정받으며 연간 700억 원을 수출하는 기업으로 성장했다.

박 대표의 꿈은 회사를 지속적으로 성장하는 기업으로 키우
는 것이다. 2014년부터 아들이 과장으로 입사해 경영수업을 받
고 있다. 하지만 박 대표는 아무리 아들이라도 경영자로서 자질

을 갖출 때 물려줄 생각이다. 박 대표는 "가업승계에 대한 관심은 많지만 회사일로 신경 쓸 여력이 없다"며 "아직까지 구체적인 계획을 세우지 못해 걱정"이라고 말했다.

가업상속공제로
최대 500억 공제

이처럼 맨땅에서 기업을 일군 대다수 창업자는 경영에 몰두하느라 가업승계에 대한 준비가 미흡하다. 가업승계란 기업의 영속성을 목적으로 가업의 소유권과 경영권을 후계자에게 승계하는 과정이다.

아무런 준비 없이 창업자가 나이가 들거나 건강 문제로 갑자기 상속 문제에 부닥치는 경우 자칫 기업이 흔들릴 수도 있다. 갑자기 최대 50%에 달하는 상속세를 내는 게 쉽지 않아서다. 예를 들어 중소기업 대표가 450억 원 상당의 회사 지분을 자녀에게 물려줄 경우 내야 할 세금만 약 218억 원(신고세액공제 제외)에 달한다. 세계 1위 손톱깎이 기업 쓰리세븐이나 국내 종자업계 1위 농우바이오가 창업주의 갑작스러운 사망 이후 다른 기업에 팔린 이유다.

중소기업 CEO가 가업을 자녀에게 물려주기 위해서는 적어도 10년을 내다봐야 한다. 10년을 내다보면서 체계적으로 준비해야 세금 부담을 줄일 수 있다는 게 전문가들의 공통된 답변이다.

가장 중요한 것은 경영권과 소유권 승계를 구분할 필요가 있다는 점이다. 아들이 후계자 수업을 받고 있지만 경영 능력을 검증할 시간이 필요하기 때문이다. 경영권 승계는 잠시 미루더라도 소유권 승계는 미리 준비해두는 게 유리하다. 소유권은 생전이나 사후 언젠가는 자녀에게 세금 부담으로 이어질 수 있어서이다.

가업승계에 따른 세금 부담을 낮추는 방안은 3가지다. 첫째, 가업승계를 위한 세법상의 지원제도를 활용하는 전략이다. 이 제도를 이용해 가업상속재산을 물려주면 최대 500억 원까지 상속공제를 받을 수 있다. CEO의 경영 기간에 따라 10년 이상이면 200억 원, 20년 이상이면 300억 원, 30년 이상이면 500억 원을 공제받는다.

'가업상속재산'이란 개인 기업은 가업에 직접 사용된 토지·건축물·기계장치 등 사업용 고정자산을 뜻하고, 법인 기업의 상속재산은 법인의 주식을 의미한다. 회사 규모가 매출액 3,000억 원 미만인 중견기업이나 중소기업이 대상이다.

그동안 가업상속공제 조건이 까다로워 '유명무실'하다는 지적이 쏟아지자 일부 규제가 완화됐다. 2020년 '상속세 및 증여세법' 개정에 따라 상속인이 가업상속공제를 적용받으면 지켜야할 사후관리 요건이 기존 10년에서 7년으로 낮춰졌다. 또한 고용유지 요건도 '정규직 근로자 인원' 또는 '총 급여액' 중에서 한가지만 법에서 정한 일정 수준 이상만 유지하도록 완화했다.

이익 안 날 땐
지분증여, 종신보험으로 상속세 마련

둘째, 증여세 과세특례도 활용할 수 있다. 60세 이상 부모가 운영한 10년 이상 된 중소기업 주식을 증여할 경우 최대 100억 원까지 10%의 특례세율(30억 원 초과시 20%)을 적용받을 수 있다.

합법적으로 회사의 주식가치를 관리하는 방법도 있다. 상속세와 증여세는 시가로 계산하는 게 원칙이다. 하지만 비상장 주식은 상장 주식과 달리 거래가격이 없다. 현행 세법에선 회사의 순자산가치와 순손익가치를 일정비율로 가중 평균해 주식가치를 산정한다. 경영자 입장에선 주식이 저평가되는 시점을 활용하면 절세 효과를 볼 수 있다. 특히 순손익가치는 과거 3년간의 순손익액의 평균으로 판단한다. 증여 계획을 앞두고 있다면 가급적 회사의 당기순이익이 많지 않을 시기를 선택하는 게 유리하다는 의미다.

셋째, 상속세 납부를 위한 재원 마련이다. 일반적으로 상속세를 낼 자금이 부족하면 개인 부동산이나 주식을 처분하거나 담보대출을 받아 납부하는 경우가 많다. 효과적인 방안으로 종신보험을 제안하는 전문가가 많았다. 계약자와 피보험자 관계를 잘 활용하면 절세 효과를 누릴 수 있어서다.

종신보험에 가입할 때는 소득이 있는 배우자나 자녀가 계약자와 수익자로, 피상속인을 피보험자로 지정해야 한다. 보험료를 낸 사람(계약자)과 수익자가 동일하기 때문에 상속재산에 포함되지 않는다. 단, 종신보험은 늦게 가입할수록 보험료 부담이 크다고, 건강 때문에 가입이 어려울 수도 있기 때문에 가입 시기를 앞당길 필요가 있다.

염기자의 정리박스

가업승계는 경영권과 소유권 승계를 구분해서 진행해야 한다. 후계자 수업을 받는 자녀가 경영 능력을 검증받을 때까지 기다렸다간 소유권 승계에도 제동이 걸릴 수 있다. 소유권 승계에 있어 세금 부담을 낮추는 방안은 크게 3가지다. 첫째, 가업승계를 위한 세법상의 지원제도를 활용하는 전략이다. 둘째, 최대 100억 원까지 10% 특례세율을 적용하는 증여세 과세특례다. 셋째, 종신보험으로 상속세 재원을 마련하는 방법이다.

삶에 '돈 되는 정보'를 모았다. 신용카드만 해도 포인트로 쇼핑은 물론 기부도 하고 세금도 납부할 수 있다. 할부 계약에 문제가 생기면 할부금 지급을 거절할 수 있는 '항변권'도 행사할 수 있다. 이뿐만이 아니다. 택시에 중요한 소지품을 놓고 내렸을 때는 신용카드로 분실물을 찾을 수 있다. 이 밖에 자동차 보험·실손보험 가입자를 위한 보험료 부담을 낮추는 방법도 담았다. 또한 미리 준비해서 한푼이라도 세금을 돌려받는 연말정산 팁도 소개한다.

2장

·

돈 쓰는 지혜를 알아야
돈이 모인다

피트니스센터 이용권 결제 시
먹튀에 대비해 영수증을 챙기자

●

신용카드로 피트니스센터 1년 이용권을 결제한 지 두 달도 안 돼
피트니스센터가 별도 조치 없이 갑작스레 문을 닫았다면?
'먹튀'에 피해를 입은 소비자는 '항변권'을 쓸 수 있다.

여름을 앞두고 운동하기로 마음먹은 윤모(38, 서울 서초구)씨. 지
난달 집 근처 대형 피트니스 센터에서 필라테스 상담을 받았다.
일대일 수업료는 75만 원(10회권)이었다. 비쌌지만 제대로 배우
자는 생각에 그 자리에서 신용카드로 결제했다.

　세 차례 수업을 받을 때까진 만족스러웠다. 네 번째 수업이 있
던 날, 필라테스 룸만 텅텅 비어 있었다. 알고 봤더니 필라테스
수업은 별도 사업자가 숍인숍 방식으로 운영하는 학원이었다. 올
연초부터 피트니스 센터와 계약 문제로 분쟁을 겪다가 지난밤
운동기구를 모조리 뺀 뒤 사라진 것이다. 윤씨는 눈앞이 캄캄해

졌다. 아직 카드 할부금이 남아 있는 윤씨가 과연 미리 낸 레슨비를 돌려받을 수 있을까?

'먹튀'를 피하려면
3개월 이상 할부해야

해결책은 신용카드 영수증 뒷면에서 찾을 수 있다. 그것은 바로 '항변권'이다. 할부 계약에 문제가 발생한 경우 소비자는 할부금 지급을 거절할 수 있다.

방효석 법무법인 우일 변호사는 "할부거래에 관한 법률에 따르면 할부 계약이 취소되거나 해지되면 소비자는 신용카드사에 남아 있는 잔액을 내지 않아도 되는 권리인 항변권을 행사할 수 있다"고 말했다. 윤씨 사례처럼 필라테스 학원의 일방적인 영업 중단으로 이용자가 피해를 본 경우에도 항변권을 쓸 수 있다.

단, 조건이 있다. 신용카드 전체 결제 금액이 20만 원 이상, 3개월 이상 할부여야 한다. 20만 원 미만은 물론 일시불이나 2개월 할부로 결제했다면 항변권을 행사할 수 없다. 또한 농·수·축산업 제품 등 할부거래법을 적용받지 않는 대상도 제외다.

철회권도 알아두면 유용하다. 신용카드 할부로 옷, 가방 등 물건을 산 뒤 7일 이내(방문 판매는 14일 이내)에는 환불을 요청할 수 있는 권리다. 충동구매 등으로 소비자를 보호하기 위한 안전장치다. 판매자가 거부하더라도 소비자가 카드사에 철회권을 행사하면 구매를 취소할 수 있다. 이때 냉장고, 세탁기 등 설치 인력이 필요한 가전은 예외다. 가전제품은 설치한 뒤 한 번만 사용하더라도 제품 가치가 떨어지기 때문이다.

항변·철회 건수가 많은 업종 중 하나가 피트니스센터다. 신한카드에 따르면 피트니스센터(스포츠센터로 가맹점 분류)는 2018년 항변·철회 접수 건수에서 차지하는 비중(9%)이 치과(39%)의 뒤를 이어 가장 높았다. 당시 치과가 39%인 것은 서울 강남구 압구정동 '투명치과 사태'로 항변권을 요청하는 민원이 몰린 탓이다.

피트니스센터 관련 소비자 분쟁이 많은 이유는 3개월 이상 장기 계약을 맺기 때문이다. 한국소비자원이 2016년 피해구제를 요청한 상담(883건)을 분석한 결과, 3개월 이상 계약이 94%에 달했다. 1년 이상 계약도 33%가 넘었다. 3개월 이상 계약을 하면 이용금액을 깎아주는 행사를 하는 곳이 많기 때문이다.

문제는 사업주가 갑작스럽게 문을 닫고 사라졌을 때다. 더욱이 이용자가 가격 할인을 받을 수 있다는 얘기에 현금으로 결제했다면 피해보상을 받긴 어렵다. 한국소비원1372 관계자는 "피해 구제를 요청한 상당수가 계약해제·해지 문제로 피트니스센터와 분쟁을 겪는다"며 "가격이 저렴하다는 이유만으로 충동적으로 1년씩 결제하지 말아야 한다"고 조언했다. 또한 결제 금액이 많고 3개월 이상 이용권을 구매할 때는 '할부 항변권'을 쓸 수 있도록 신용카드 할부로 결제하는 게 안전하다고 덧붙였다.

항변권을 행사하는
구체적인 절차

항변권 행사에도 절차가 있다. 우선 우체국이 공적으로 증명하는 내용증명을 신용카드사에 보내야 한다.

내용증명은 상품 구매일, 가맹점명, 카드번호, 전화번호, 항변권을 요청하는 이유 등을 육하원칙에 따라 상세하게 작성하면 된다. 이때 신용카드 결제 영수증 뒷면의 '철회·항변 요청서'를 참고하면 도움이 된다. 신용카드 결제일이 촉박하다면 신용카드사 홈페이지에 먼저 신청서를 작성한 뒤 내용증명을 보내는 것도 방법이다.

염기자의 정리박스 +

결제 금액이 많고 3개월 이상 이용권을 구매할 때는 '할부 항변권'을 쓸 수 있도록 신용카드 할부로 결제하는 게 안전하다. 이때 항변권을 행사할 수 있는 조건이 있다. 신용카드 전체 결제 금액이 20만 원 이상, 3개월 이상 할부여야 한다. 20만 원 미만은 물론 일시불이나 2개월 할부로 결제했다면 항변권을 행사할 수 없다.

통신사·신용카드 포인트를
1원도 허투루 버리지 않는 법

●

매년 사용하지 못하고 날리는 신용카드 포인트만 1,000억 원을 웃돈다.
쇼핑은 물론 항공사의 마일리지 전환, 기부, 세금 납부 등에도
다양하게 활용되므로 연말을 앞두고 카드 포인트를 점검하자.

직장인 이모(38)씨는 연말을 앞두고 연례행사처럼 하는 일이 있
다. 신용카드 포인트를 조회하는 일이다. 1년간 쌓은 포인트는
20만 점이 넘었다. 통상 '1포인트=1원'이니 20만 원의 용돈이
생긴 셈이다. 마치 책 사이에 꽂아뒀다가 한참 잊고 있었던 '비상
금'을 발견한 듯한 기분이었다.

  우선 신용카드사가 운영하는 쇼핑몰에서 포인트(5만 점)로 화
장품을 구입한 뒤 나머지는 모두 현금으로 바꿨다. 자동차를 구
입하면서 멤버십 포인트로 7만 점을 받은 게 떠올랐다. 포인트
사용방법을 꼼꼼하게 살펴보니, 주유소에서 포인트로 결제하거

나 G마켓·옥션 등 온라인 쇼핑몰에서 현금으로 전환해서 사용할 수 있었다.

없어지기 전에
포인트를 '현금화'해야

매년 연말이 되면 이래저래 씀씀이가 커진다. 한 해가 가기 전에 포인트 1원도 허투루 버리지 않고 지혜롭게 잘 쓰는 전략을 소개한다.

연말을 앞두고 가장 먼저 신용카드 포인트부터 확인해야 한다. 금융감독원에 따르면 매년 소비자들이 사용하지 못하고 날리는 포인트 규모만 1,000억 원이 넘는다. 여러 장의 신용카드를 갖고 있다면 여신금융협회가 운영하는 '카드 포인트 통합조회 시스템(www.cardpoint.or.kr)'에서 본인 인증을 받으면 한꺼번에 확인할 수 있다.

신용카드 포인트는 신용카드사가 제휴 맺은 쇼핑몰에서 쇼핑을 하는 것은 기본이고, 항공사의 마일리지 전환, 기부, 세금 납부 등에 이르기까지 다양하게 활용할 수 있다. 특히 1포인트부터는 현금으로 전환할 수 있다. 카드사 홈페이지나 콜 센터를 통해 포인트 현금화를 신청하면 현금으로 바꿔서 본인 계좌로 입금받을 수 있다.

시중은행 계열 카드사(우리·신한·KB국민카드)는 1만 원 단위로 현금인출기(ATM)에서 출금도 가능하다. 또한 국세·지방세도 카드 포인트로 납부할 수 있다. 금융결제원의 '카드로택스'에서는 포인트로 세금을 낼 수 있다. 포인트가 부족한 경우 나머지 금액은 신용카드로 납부하면 된다.

통신사의 멤버십 포인트도 반드시 점검해야

통신사의 멤버십 카드 포인트도 연내에 소멸되는지 잘 살펴봐야 한다. 우선 SK텔레콤과 LG유플러스는 사용하는 요금제와 상관없이 포인트를 무제한 제공한다. 기한에 상관없이 통신사의 제휴처에서 혜택을 받을 수 있다.

다만 KT는 여전히 고객의 등급에 따라 한정된 멤버십 포인트를 연초에 제공하고, 1년간 쓰지 않고 남은 포인트는 자동으로 사라진다. 그러므로 KT 고객이라면 연내 포인트가 소멸되기 전에 사용해야 한다.

포인트를 알뜰하게 쓸 만한 제휴처 중 한 곳이 편의점이다. 2021년 편의점 CU와 GS25에서 할인혜택을 제공하고 있다. CU에서는 오전 5시부터 오전 9시까지 샐러드와 김밥 등 도시락을 구매하는 소비자에게 1,000원당 200원씩, 하루 최대 1,000원의 할인 혜택을 제공한다. GS25 편의점은 시간에 상관없이 1,000원당 50원(회원등급 일반)을 깎아준다. 할인된 금액만큼 멤버십 포인트가 차감되는 방식이다.

또한 사용중인 스마트폰 액정이 깨지는 등 수리가 필요하다면 포인트를 사용하는 것도 방법이다. KT는 전체 수리비의 최대 20%까지 멤버십 포인트로 결제를 할 수 있다.

포인트는 '전월 이용실적'에 영향을 받아

포인트를 잘 쓰는 만큼 잘 적립하는 것도 중요하다. 상당수는 신용카드를 선택할 때 높은 포인트 적립률만 확인한다. 사실 카드 포인트는 소비자가 전월에 일정 금액 이상을 사용했을 때 제공된다. 또한 포인트 적립한도도 카드사마다 다르다. 평소 자신이 카드를 어디에, 어떻게, 얼마나 쓰는지를 따져 본인에게 가장 맞는 카드를 골라야 한다.

특히 세금·무이자할부 등 일부 결제는 전월 이용실적에서 제외되거나 포인트가 적립되지 않는다는 점도 유의해야 한다. 금융감독원에 따르면 세금을 비롯해 공과금, 등록금, 선불카드 충전 금액 등은 전월 이용실적에서 제외된다.

상품마다 제외 항목이 달라 상품 설명서나 카드사 홈페이지 등에서 내용을 미리 확인해야 한다. 또한 전월 이용실적 조건을 충족하더라도 무이자 할부 결제를 할 때는 포인트가 적립되지 않는다.

염기자의 정리박스 +

신용카드 포인트를 확인하는 방법도 손쉽다. 여러 장의 신용카드를 갖고 있다면 여신금융협회의 '카드 포인트 통합조회 시스템(www.cardpoint.or.kr)'에서 한번에 확인할 수 있다. 포인트를 잘 쓰는 것만큼 잘 적립하는 것도 중요하다. 포인트는 소비자가 전달에 일정 금액 이상을 사용했을 때 제공되기 때문이다. 소비자들은 평소 신용카드를 어디에, 어떻게, 얼마나 쓰는지를 따져 '맞춤형 신용카드'를 골라야 한다.

코로나19와 아시아나 M&A,
'내 마일리지'는 어쩌죠?

●

해외 여행을 꿈꾸며 항공사 마일리지를 모아온 사람들은 고민이 많다.
2020년부터 코로나19의 여파로 해외 여행이 어려워졌기 때문이다.
그러다 보니 일부 마일리지는 유효기간을 넘길 수 있다.

직장인 이모(41)씨는 매달 차곡차곡 적금을 붓듯이 알뜰살뜰 모
으는 게 하나 있다. 그것은 바로 항공사 마일리지다. 신용카드도
포인트가 항공사 마일리지로 적립되는 것을 사용한다. 2017년
처음으로 유럽 여행을 다녀온 기억 때문이다. 그가 홀로 배낭을
메고 떠날 수 있었던 것은 '공짜 티켓' 덕분이다. 정확히는 그동
안 쌓아온 항공사 마일리지로 발권한 보너스 항공권이다. 일단
250만 원 상당의 비행기값이 절약되니 '한번 떠나보자'고 결정
할 수 있었던 것이다.

　그런 이씨는 요즘 코로나19 사태로 고민이 생겼다. 코로나

19로 항공사 마일리지를 써보지도 못하고 유효기간을 넘길 수 있어서이다.

코로나19 사태로
마일리지 유효기간이 연장

우선 2021년 코로나19 여파로 허망하게 날릴 위기에 놓인 항공사(대한항공·아시아나항공) 마일리지는 1년 더 연장된다. 구체적인 내용은 다음과 같다.

10년 전에 정부와 항공업계는 마일리지 유효기간을 10년으로 정했다. 2008년 이전에 쌓은 마일리지는 유효기간을 무제한으로 두고, 2008년 이후 쌓은 마일리지부터 10년으로 고정했다. 10년이 지나면 사용하지 않아도 마일리지는 소멸된다.

2011년 1월 1일부터 12월 31일까지 쌓은 마일리지 유효기간이 2021년 말이었다. 이번에 1년 연장되면서 2022년 12월 31일까지는 2011년 마일리지로 비행기표를 구입할 수 있다.

이번 연장에는 2020년에 연장된 마일리지도 포함된다. 보통 항공권 구매는 1년 전부터 가능하므로 유효기간이 연장된 마일리지(2010·2011년)로 2023년 12월 말에 출발하는 항공권까지 예약할 수 있다는 얘기다.

아시아나 항공사의 마일리지가 많은 사람도 걱정이 많다. 대한항공이 아시아나항공을 인수합병(M&A)하는 절차를 밟고 있어서다. 현재 대한항공은 '스카이패스', 아시아나항공은 '아시아나 클럽'이라는 이름으로 마일리지 제도를 운영한다.

두 항공사가 합쳐진다고 하더라도 기존 아시아나항공 마일리지가 사라지는 등 소비자가 피해보는 일은 없다는 게 국토부와 대한항공의 공식 입장이다. 국토부 측은 "마일리지는 통합되면 같이 사용하게 될 것이다. 현재 아시아나항공의 마일리지 사용처가 적어 소비자들의 불편이 컸던 만큼 오히려 대한항공 제휴처 등에서도 사용이 가능해져 소비자 편익은 증대될 것이다"라고 설명했다.

하지만 국적항공사 M&A로 아시아나클럽 마일리지의 활용 폭은 제한될 가능성은 있다. 대한항공과 아시아나항공, 이 두 항공사가 가입한 글로벌 항공 동맹이 달라서다. 현재 대한항공은 에어프랑스·델타항공 등과 함께 '스카이팀' 소속이고, 아시아나항공은 루프트한자·유나이티드항공 등이 가입된 '스타얼라이언스' 소속이다. 항공 동맹끼리는 마일리지 교차적립이나 브랜드 멤버십 등 각종 제휴 사업을 추진한다. 하지만 대한한공이 아시아나항공 M&A가 끝나면 스타얼라이언스를 유지할 가능성은 그다지 크지 않다.

비행기값을
20% 마일리지로 결제

소비자에게 유리하게 바뀌는 부분도 있다. 2021년 1월부터 대한항공 항공권을 구매할 때 비행기값의 20% 내에서 마일리지를 사용해 결제할 수 있다. 항공사 마일리지는 유효기간이 있는데, 마일리지로 보너스 항공권을 구입하는 게 쉽지 않다는 소비자들의 불만에 대한 대응책이 나온 것이다. 일반적으로 항공사마다 전체 좌석의 5~10%만 마일리지로 살 수 있는 보너스 항공권이 나오기 때문에 여름휴가 등 성수기에는 보너스 항공권을 구하기 어려운 게 사실이다.

대한항공은 '현금+마이너스' 복합결제를 할 때 마일리지 최소 이용 한도가 500마일이다. 예컨대 100만 원짜리 비행기표를 구매할 때 운임의 80% 이상은 현금이나 신용카드로 계산하고, 나머지 20만 원은 마일리지를 활용할 수 있다.

마일리지로 항공권 구매나 좌석 승급만 할 수 있는 게 아니다. 호텔 숙박, 관광지 입장권, 여행상품 등을 마일리지로 결제할 수 있다. 코로나19로 해외 여행이 쉽지 않은 요즘, 국내 여행을 다닐 때 요긴하다.

우선 대한항공 마일리지로 호텔 숙박이 된다. 서귀포·제주 칼호텔, 그랜드 하얏트인천호텔을 마일리지로 결제할 수 있다. 제주 민속촌, 한화 아쿠아플랏넷 제주 등 유명 관광지 입장권도 구매할 수 있다. 아시아나항공 역시 마일리지로 여행패키지 상품을 예약하거나 숙소(금호리조트)를 이용할 수 있다. 또한 놀이공원을 비롯해 영화관, 이마트 매장에서도 마일리지를 사용할 수 있다.

염기자의 정리박스 ✛

2021년 코로나19 여파로 날릴 위기인 항공사(대한항공·아시아나항공) 마일리지는 1년 연장된다. 항공업계 마일리지 유효기간은 10년이다. 1년 연장되면서 2022년 12월 31일까지는 2011년 마일리지를 사용할 수 있다. 또한 아시아나항공이 대한항공에 인수합병 되더라도 아시아나항공 마일리지가 사라지는 등 소비자가 피해보는 일이 없다는 게 정부와 대한항공의 공식입장이다. 다만 두 항공사가 가입한 글로벌 항공 동맹이 달라서 마일리지 활용 폭은 제한될 가능성이 있다.

'앗, 택시에 서류가방을'
신용카드로 분실물 찾는 방법은?

택시를 탔다가 휴대전화 등 중요한 물건을 놓고 내렸다면?
만일 신용카드로 결제했다면 분실물을 찾을 확률은 높다.
버스 등 다른 대중교통일 때의 대처법도 살펴본다.

직장인 김모씨는 얼마 전 늦잠을 잔 바람에 급하게 택시를 타고
출근했다. 택시에 내려 회사 출입문에 도착한 순간 '앗' 소리가
입가로 흘러나왔다. 서두르다가 택시에 서류가방을 두고 내린 것
이다. 오전 부서 회의에서 보고 할 자료가 서류가방에 있었다. 황
급히 왔던 길을 되돌아갔지만 택시는 떠난 뒤였다.

  등줄기에서 식은땀이 흘렀다. 방금 탔던 택시기사의 핸드폰을
알아야만 서류가방을 다시 찾을 수 있었다. 택시에 물건을 두고
내렸을 때 손쉽게 찾는 방법은 없을까?

신용카드 결제 시
택시 연락처를 알 수 있어

김씨는 이날 한 시간 만에 서류가방을 찾을 수 있었다. 방법은 신용카드다. 신용카드로 결제하면 택시 기사와 연락이 닿아 분실물을 찾을 확률이 높다. 택시 이용 승객이 요금을 신용카드로 결제하면 티머니, 이비카드 등 지역별 교통정산사업자가 결제 정보를 받아 신용카드사에 넘기기 때문이다.

예컨대 서울권 교통정산사업자인 티머니 고객센터로 전화(1644-1188)한 뒤 택시에서 결제한 카드정보를 알려주면 택시 번호와 기사 연락처를 알 수 있다. 일반적으로 법인택시는 법인 대표번호를 알려준다. 이때는 법인회사로 연락하면 택시 기사의 연락처를 알 수 있다.

다른 대중교통은 어떨까? 버스에서 잃어버린 경우 기본적으로 지역 내 버스 차고지로 연락하면 된다. 이때 본인이 탔던 버스 번호, 하차 정류장, 승·하차 시간 등을 알리고 분실물이 있는지 확인하면 된다.

버스에서 내린 직후 분실 사실을 알았다면 해당 노선을 운영하는 지역별 운송조합(버스회사)에 연락해 버스 기사의 연락처를 확인하는 것도 방법이다. 버스 기사와 직접 연락해 물건이 있는지 확인된다면 보다 빨리 찾을 수 있다.

버스 차고지에서는 유실물들을 7일간 보관한 뒤에 경찰서

회사명	연락처
티머니	1644-1188
이비카드	1644-6001
마이비	1644-6001
한페이시스	1566-1554
DGB유페이	080-427-2342
스마트로	1666-9114

자료: 금감원

로 물건을 넘긴다. 이 경우에는 경찰청 유실물통합포탈(www.
lost112.go.kr)을 이용해 내가 버스에서 분실한 물건이 있는지 검
색해볼 수 있다.

　지하철에서 물건을 잃어버리면 역무실이나 지하철 유실물센
터에 연락하거나 찾아가면 된다. 지하철에서 물건을 분실했을 때
분실 위치와 하차 시간을 알면 물건을 찾는 데 도움이 된다는 게
서울 교통공사의 설명이다.

　우선 하차 시간으로 해당 시간대 열차번호를 확인할 수 있다.
이후 역사 직원들이 유실물이 있을 것으로 추정되는 열차 칸을
탐색해 물건을 찾기 때문이다. 또는 지하철에서 내릴 때 승강장
발 아래 쓰인 칸 번호를 확인해 역무원에게 알려주면 분실물을
찾을 확률이 높아진다.

　지하철 유실물 센터는 시청역·충무로역·왕십리역·태릉입구
역에 있다. 평일 오전 9시부터 6시까지 운영된다.

개인정보를 도난당했을 땐
'파인'에 등록

한 가지 더 알아두면 유용한 정보가 있다. 주민등록증을 비롯해 신용카드 등이 담긴 지갑을 잃어버렸을 경우 부정 사용할 위험이 있으니 분실물 신고를 빨리 하는 게 좋다. 주민등록증과 운전면허증도 분실을 안 순간 곧바로 주민센터를 찾거나 민원24를 통해 분실 신고를 해야 한다. 혹시나 타인이 개인정보를 도용할 우려가 있어서다.

신용카드를 여러 장 잃어버린 경우에는 한 곳에만 신고를 해도 된다. 신용카드사의 고객센터에서 한번에 분실 신고를 할 수 있어서다.

신용카드와 신분증뿐 아니라 비밀번호 등 개인정보를 분실·도난당했을 때는 금융감독원이 운영하는 금융소비자정보포털(파인)에 등록하면 금융회사에 실시간 전파돼 유출된 개인정보를 도용하는 금융거래를 막을 수 있다.

염기자의 정리박스 +

종종 택시에 물건을 놓고 내린다면 신용카드 결제를 생활화하는 게 좋다. 신용카드로 결제하면 물건을 분실했던 택시 번호와 택시 기사 연락처를 손쉽게 알 수 있기 때문이다.

주차장 붙박이 운전자와
초보 운전자를 위한 자동차보험은?

초보 운전자는 자동차보험에 각별히 주목해야 한다.
자동차보험은 1년 단위로 가입하는 의무보험이기 때문이다.
상품구조가 단순해 가입자가 직접 상품을 비교한 뒤 가입할 수 있다.

박모씨는 올해 4월 초에 처음으로 자동차를 구입했다. 그는 자동차를 운전해 주말마다 전국 방방곡곡을 누비고 다닐 생각에 기뻤다. 이때까지만 해도 매일 자동차로 편하게 출퇴근할 줄 알았다. 하지만 '초보자의 꿈'은 자동차를 구입한 지 불과 반년도 안 돼 날라갔다.

주말에는 꽉 막힌 고속도로 교통 체증에, 평일에는 이틀에 한 번 꼴로 잡힌 저녁 약속으로 일주일에 한두 번 정도 운전대를 잡을 수 있었다. 여기에 2020년 3월부터 코로나19 사태가 장기간 이어지면서 자동차는 그야말로 주차장 '붙박이'가 되어갔다. 그

때서야 제대로 따져보지 않고 가입했던 자동차보험이 너무나 아깝다는 생각이 들었다.

해마다 가입하는
의무보험

우선 '초보자'를 위한 자동차보험에 대한 기본 상식부터 챙겨보자. 자동차보험은 자동차 소유주라면 누구나 가입해야 하는 의무보험이다. 1년 단위로 가입하고, 한 해 보험료를 한꺼번에 내는 방식이다.

자동차보험은 크게 '기본담보'와 '특약'으로 구성된다. 기본담보는 대인배상Ⅰ·Ⅱ, 대물배상, 자기신체 사고, 자기차량 손해, 무보험차 상해 등이다. 대인배상Ⅰ은 타인을 다치게 하거나 사망케 한 경우 자동차 손해배상 보장법이 정한 한도 내에서 손해를 보상하는 것이고, 이를 초과하는 부분에 대해 보상하는 게 대인배상Ⅱ에 해당한다. 대물배상은 상대방 차량이 입은 손해를 보상하는 보험이다. 나머지 자기신체 사고, 자기차량 손해, 무보험차 상해는 운전자 본인에게 발생한 손해를 보상하는 방법이다. 여기서 의무가입은 대인배상Ⅰ과 대물배상이다.

자동차보험료를 줄이는 데 도움이 되는 키워드는 온라인·보험다모아·특약, 이렇게 3가지다.

누구나 가장 손쉽게 자동차보험료를 최대 15% 이상 낮추는 방법은 온라인, 즉 인터넷으로 자동차보험에 가입하는 것이다. 보험사의 설계사에게 지급하는 모집수수료 등 보험사의 사업비를 줄일 수 있어서다.

온라인으로 가입하려면 '내게 맞는 맞춤형 보험사'를 찾아야 한다. 일일이 보험사를 쇼핑할 필요가 없다. 요즘에는 여러 보험사 상품을 한눈에 비교한 뒤에 가입할 수 있는 사이트가 있다. 2015년부터 손해보험협회·생명보험협회가 운영하는 온라인 보험슈퍼마켓 '보험다모아'다. 또한 자동차보험은 다른 상품과 달리 상품구조가 단순해 가입자가 상품을 비교한 뒤 가입하는 게 어렵지 않다.

'특약'을 활용하면
자동차보험료 절약

마지막으로, 보험사별로 제공하는 '특약'을 활용하는 것도 자동차보험료를 줄이는 방법이다. 대표적으로 교통사고 판독이나 교통 범죄를 확인할 수 있는 차량용 블랙박스가 있다. 블랙박스가 자동차에 고정·장착돼 있으면 자동차보험료를 1~6% 할인해준다.

또한 최근 출시되는 차량에서 볼 수 있는 첨단 안전장치도 보험료를 할인받는 특약에 포함된다. 차선을 벗어나면 경보음이 울리는 차선이탈 경고장치를 비롯해 전방충돌경고장치, 타이어 공기압 경고장치, 자동차안정성 제어장치 등이 있다.

자녀 할인도 있다. 자신 또는 배우자가 임신중이거나 만 6세 이하 자녀를 둔 경우 '자녀할인 특약'에 가입하면 보험료를 깎아준다. 할인율은 자녀 연령에 따라 2~15%다. 반대로 만 65세 고령자는 교통안전교육 특약에 가입하면 보험료를 5%가량 할인받을 수 있다. 도로교통공단에서 고령 운전자의 안전한 운전을 지도하는 교통안전교육을 이수하기만 하면 된다.

'서민우대자동차 특약'도 알아두면 유용한 특약이다. 기초생활수급자, 부부 합산 연소득이 4,000만 원 이하인 저소득층 서민이 중고차를 5년 이상 소유하면 자동차보험료를 최대 7%까지 깎아준다.

운전을 자주 하지 않는 운전자를 위한 특약도 있다. 바로 '마일리지 특약'이다. 마일리지 특약은 보험기간 내 운행 거리가 1만~2만 km 이하면 보험료를 최대 30~40%까지 할인해준다. 운행거리가 짧을수록 할인율은 커진다.

최근에는 아예 운행한 거리만큼만 자동차보험료를 내는 상품도 나왔다. 한화손해보험의 자회사 캐롯손해보험의 퍼마일(PER MILE) 자동차보험이다. 가입할 때 소정의 가입보험료를 낸 뒤 매월 주행거리에 따라 자동차보험료를 납부하는 방식이다. 결과적으로 km당 보험료(13.9원 수준)를 매기기 때문에 운전이 뜸한 '주차장 붙박이'들은 보험료를 절약할 수 있다. 또한 휴대폰요금처럼 보험료를 후불로 내기 때문에 한꺼번에 목돈을 내는 부담도 줄일 수 있다.

염기자의 정리박스 +

자동차보험은 온라인 보험슈퍼마켓 '보험다모아'에서 상품을 쇼핑한 뒤 온라인으로 가입하는 게 보험료 부담이 가장 낮다. 또한 보험사별로 제공하는 '특약'을 활용하면 보험료 부담을 낮출 수 있다. 자동차에 블랙박스를 설치하는 게 가장 기본적인 방법이다. 보험료는 1~6%가량 할인해준다. 특히 운전대를 자주 잡지 않은 운전자라면 '마일리지' 특약을 눈여겨볼 만하다. 보험기간 내 운행 거리가 1만~2만 km 이하면 보험료를 최대 30~40%까지 할인을 받을 수 있다.

1년에 한두 번 병원 찾는데
4세대 실손보험으로 갈아탈까?

평소에 병원 이용이 적은 실손보험 가입자라면
4세대 실손보험에 가입해 비급여 보장을 특약으로 분리하자.
비급여 이용량이 적으면 보험료를 낮출 수 있기 때문이다.

회사원 최모(39)씨는 병원 가는 날이 손에 꼽는다. 갑작스레 체하거나 몸살감기가 심할 때가 아니면 병원에 방문하는 일이 거의 없다. 2019년에 운전을 하다가 차량 접촉사고가 난 이후로 허리 통증이 있었지만, 일이 많이 바쁘다는 핑계로 3번 정도 물리치료 받은 것이 병원 방문의 전부다. 더군다나 2020년에는 코로나19 사태가 벌어지면서 병원 찾는 일이 더 조심스러워졌다. 웬만하면 병원에 가지 않으려고 한다.

이처럼 최씨는 병원 방문이 워낙 드물다 보니 매년 꾸준히 오르는 실손보험료가 아깝다는 생각이 부쩍 많이 든다. 최근에도 주요 대형보험사의 실손보험료가 줄줄이 인상된다는 소식이 들려 소식에 한숨부터 나온다.

병원에 간 만큼만 보험료를 낸다

최씨처럼 병원을 자주 찾지 않는 사람에게 도움이 되는 실손보험이 2021년 7월에 나왔다. 병원 이용이 적은 실손보험 가입자는 보험료를 깎아주고, 도수치료·비타민 주사 등 건강보험료가 적용되지 않는 진료를 많이 받으면 보험료가 올라가는 '4세대 실손의료보험' 상품이다. 한마디로 보험금을 많이 탈수록 보험료를 더 내는 방식이다.

현재 실손보험 가입자의 3.4%가 전체 보험금의 56.8%를 독식하고 있다. 이들이 챙기는 평균 보험금은 354만 원이다. 반면 무사고자를 포함해 전체 가입자의 82.7%는 18만 원 이하의 보험금을 받고 있을 뿐이다.

새로 바뀌는 실손보험 상품의 특징은 비급여 보장을 특약으로 분리하고, 비급여 이용량에 따른 보험료 차등제를 적용하는 것이다. 비급여는 의학적 필요성은 낮지만 오남용하는 사람이 증가해 보험료를 끌어올리는 요인으로 꼽힌다.

할증·할인 차등제는 다음과 같이 5단계로 나뉜다. 비급여 지급보험금이 300만 원 이상으로 가장 많이 받은 상위 5등급은 300% 할증된다. 뒤를 이어 300만 원 미만, 150만 원 미만 순으로 비급여 지원금이 줄면 할증폭도 각각 200%, 100%로 줄어든다. 만약 1년 사이에 100만 원 미만으로 지급받았다면 다음해 보험금은 오르지 않는다. 만일 비급여 지원금을 아예 받지 않았다면 5% 할인된다.

차등제 적용은 3년간 유예기간을 두고 시행한다. 보험료 차등제는 가입자 수가 충분히 확보돼야 통계적으로 안정된 할인·할증률을 제공할 수 있다는 게 금융당국의 설명이다.

40세 남자의 보험료는 1만 929원

차등제가 정착되면 최대 70% 보험료를 낮추는 효과가 나타난다. 기존 보험료와 비교하면 표준화 이전 실손보험(2009년 9월 전까지 판매)보다 70% 저렴해진다. 표준화 실손보험(2009년 10월~2017년 3월) 대비 약 50%, 2017년 4월부터 지금까지 판매되는 신실손보험보다 약 10% 보험료가 줄어든다. 예컨대 40세 남성을 기준으로 3세대 실손보험의 보험료가 1만 2,184원이라면, 4세대 새 상품은 10%가량 저렴한 1만 929원으로 낮아진다.

다만 새 상품은 자기부담금이 높아진다. 현재 실손보험은 급

40세 남성 기준 실손의료보험 보험료 비교			
구분	판매 시기	월 보험료	4세대 실손과 연간 보험료 비교
표준화 이전	2009년 9월까지 판매	3만 6,679원	+30만 9,000원
표준화 이후	2009년 10월~2017년 3월	2만 710원	+11만 7,372원
신실손	2017년 4월부터~	1만 2,184원	+1만 5,060원
4세대 실손	2021년 7월 이후 출시	1만 929원	

자료: 금융위원회

여 10~20%, 비급여 20%가 환자 본인 부담이다. 새 상품에선 급
여 20%, 비급여 30%로 바뀐다. 통원 치료 시 공제금액도 올라간
다. 현재는 외래 1만~2만 원, 처방 8,000원이다. 새로운 상품은
급여 1만 원(단 상급종합병원·종합병원 2만 원), 비급여 3만 원 수준
이다.

도수치료를 자주 받으면
기존 보험료 유지

그렇다면 몸이 불편해 병원을 자주 가는 사람에겐 오히려 불이
익 아닐까? 맞는 얘기다.

노인장기요양보험법상 장기요양급여 대상자나 암 환자와 같
이 국민건강보험법상 산정특례 대상자 등 지속적인 치료가 필요

한 사람은 보험료 차등제 적용에서 제외된다. 병원에 자주 가서 비급여 진료를 받아야 하는 고령층이라면 보험료 차등제가 적용되지 않는 노인실손의료보험(50~75세)에 가입하는 게 유리할 수 있다. 평소 도수 치료 등 각종 비급여 진료를 자주 받는 사람도 갈아타기보다 기존 보험료를 유지하는 게 나을 수 있다.

염기자의 정리박스 +

비급여 보장을 특약으로 분리하고, 비급여 이용량에 따른 보험료 차등제를 적용하는 게 4세대 실손보험이다. 할인·할증 구간은 직전 1년간 비급여 보험금 지급액에 따라 5단계로 나뉜다. 300만 원 이상으로 가장 높게 지급된 5단계는 300% 할증된다. 4단계, 3단계 순으로 보험금 지급액이 줄면 할증폭도 각각 200%, 100%로 낮아진다. 지급된 보험료가 1년 사이 100만 원 미만(2단계)이라면 보험금은 오르지 않는다. 비급여 보험금을 아예 타지 않은 경우(1단계)에는 보험료는 5%가량 할인받을 수 있다.

자녀 학비 마련 위해
예금 대신 삼성전자 주식 사준다

●

자녀에게 주식을 선물하는 마마·파파개미가 늘고 있다.
돈을 넣어도 쥐꼬리만 한 이자가 붙는 예금보다
기업의 미래 성장성에 투자하는 게 낫겠다 싶어서다.

"시어머니께서 주식 사주라고 세뱃돈을 (손자의) 증권계좌로 보
낸다고 하시네요."

경기도 안양시에 사는 주부 최모(37)씨는 2020년 초 여섯 살
아들 명의로 주식계좌를 열었다. 그동안 아들의 세뱃돈을 모아온
예금통장을 해지한 뒤 LG화학, 카카오, 신한지주 등 우량주 중심
으로 800만 원어치를 사들였다. 1년 사이 전체 수익률은 50%를
넘었다.

그는 "쥐꼬리만 한 이자가 붙는 예금보다 기업의 미래 성장성
에 투자하는 게 낫겠다 싶어 주식으로 돌아섰다"고 했다. 앞으로

10년간 잘 굴려서 큰돈을 만들 생각이다. 그래서 대학 학비에 쓰라고 아들에게 주는 게 최씨의 목표다.

자녀에게 주식을 선물하는
마마·파파 개미 증가

최근 자녀에게 용돈으로 주식을 선물해주는 이른바 마마·파파 개미가 늘고 있다. 실제 미성년자의 증권계좌가 눈에 띄게 증가했다.

2021년 1월 한 달간 키움증권에서 만 19세 미만이 새로 만든 증권 계좌는 3만 8,020개다. 전년 동기(2,549개) 대비 15배 증가했다. 이는 2020년 한해 미성년자의 신규 주식계좌(11만 5,623개)의 33%를 차지했다.

미성년 자녀는 부모가 직접 증권사에 방문해서 개설해야 한다. 요즘 유행인 비대면으로 계좌를 열 수 없다. 주변에 증권사가 없다면 은행 지점을 방문해도 된다. 해당 은행이 제휴한 증권사의 계좌를 열 수 있어서다.

자녀 명의로 주식계좌를 개설하는 가장 큰 장점은 증여세 비과세 혜택을 받을 수 있다는 점이다. 금융교육 컨설팅회사인 웰스에듀의 조재영 부사장은 "미성년 자녀에 대한 증여는 10년마다 2,000만 원까지 비과세"라며 "비과세 적용 기간을 활용하면

구분	계좌수
2020년 1월	2,549개
2월	3,569개
3월	9,658개
4월	6,803개
5월	5,492개
6월	6,048개
7월	8,406개
8월	1만 2,921개
9월	1만 3,175개
10월	1만 927개
11월	1만 991개
12월	2만 5,084개
2021년 1월	3만 8,020개
합계	15만 3, 643개

I 키움증권에서의 미성년자 신규 주식계좌수 I

자료: 키움증권

자녀가 성인이 되기 전에 4,000만 원을 세금을 내지 않고 증여할 수 있다"고 했다. 자녀가 태어난 즉시 현금 2,000만 원을 증여한 뒤 10년 후인 11살 때 2,000만 원을 추가로 증여하는 방식이다.

부모가 보유한 주식을 자녀에게 물려줄 수도 있다. 현재 그 기업의 주가는 급락했으나 버티면 주가가 오를 것이라는 믿음이 있다면 그 주식을 자녀에게 증여하는 것이다. 세금 측면에서도 주가가 쌀 때 증여하는 게 유리하다. 주가가 하락하면 증여 자산가치가 줄면서 증여세도 낮아질 수 있어서다. 항상 증여의 원칙은 현재보다 앞으로 자산가치가 오를 주식, 부동산 등 자산을 물려주는 것이다.

비과세 기간을 활용해
세금 없이 4,000만 원 증여

주식을 증여할 때도 방법이 있다. 세법에서는 증여 당일의 종가로 주식가액을 평가하는 게 아니라 증여일 전후 두 달간의 종가 평균액으로 산정한다. 즉 총 넉 달간의 주가 변동을 고려해 증여가액을 결정한다는 얘기다. 주식은 워낙 가격 변동이 심하기 때문이다.

최대한 주가가 크게 하락했을 때 물려주는 게 좋다. 만일 증여한 뒤 주가가 더 하락하면 세금을 더 줄일 수 있었다는 아쉬움이 커질 수도 있다. 하지만 후회하지 않아도 된다. 주식 증여를 취소하는 방법도 있다. 증여세 신고기한 내에 증여를 취소하고 찾아오면 된다. 신고기한은 증여일의 월말로부터 3개월 이내다. 방법도 손쉽다. 자녀의 계좌로 보낸(대체) 주식을 다시 본인 계좌로 찾아오면 된다.

자녀에게 물려줄 주식 1위,
삼성전자·네이버

그렇다면 자녀에게 어떤 주식을 물려줘야 할까? 2021년 2월 설을 맞아 5개 증권사(미래에셋·삼성·한국·KB·NH투자증권) 리서치센터장에게 '자녀에게 물려주고 싶은 주식'을 추천받았다. '꼬마' 개미들이 10년 이상 주주로 활동하기에 좋은 우리나라의 유망기업이다.

센터장들이 일제히 꼽은, 자녀에게 물려주고 싶은 1위 기업은 역시나 삼성전자와 네이버다. 코스피 '대장주'인 삼성전자는 2020년 한 해 동안 동학개미가 가장 많이 사들인 종목이다. 같은 기간 삼성전자의 주가는 45% 올라 8만 1,000원(2020년 말 종가기준)을 기록했다.

국내 최대 포털업체 네이버도 센터장들의 몰표를 받았다. 이들은 녹색 검색창(검색 서비스)에서 온라인쇼핑을 비롯해 핀테크·콘텐츠사업으로 영역을 넓혀가는 '네이버의 변신'에 높은 점수를 줬다.

LG화학(3명 추천)과 현대모비스(2명)는 전기차 이슈로 유망기업에 꼽혔다. 요즘 세계적으로 전기차 생산에 대한 관심이 커지면서 관련 부품 기업도 덩달아 부각되고 있어서다. LG화학의 강점 역시 전기차 배터리(2차 전지)를 생산하는 자회사(LG에너지솔루션)를 갖고 있다는 것이다.

특히 2021년 1월 13일에는 처음으로 종가기준 100만 원에 거래되면서 '황제주'로 올라섰다. 현대모비스 역시 전기차에 필요한 배터리 시스템, 연료전지 등 부품을 생산해 주목을 받고 있다.

염기자의 정리박스 ✛

자녀 명의로 주식계좌를 여는 게 세테크 측면에서 유리하다. 자녀에 대한 증여는 10년마다 2,000만 원까지 비과세다. 비과세 적용기간을 활용하면 자녀가 성인이 되기 전까지 세금을 내지 않고 4,000만 원을 증여할 수 있다. 또한 부모가 보유한 주식을 자녀에게 물려줄 수도 있다. 현재 주가가 급락했으나 미래에는 주가가 오를 것이라는 믿음이 있다면 자녀에게 넘기는 게 낫다. 주가가 쌀 때 주식을 증여하면 증여세 부담도 낮출 수 있어서다.

불황에 더 빛나는 예물 재테크,
순금 목걸이와 팔찌 세트 어때요?

●

경제 불확실성이 커질수록 반짝 반짝 빛이 나는 게 금이다.
시장 변동성에 영향을 덜 받는 대표적인 안전자산이기 때문이다.
골드바와 금통장, 금펀드 등 금을 활용한 재테크는 다양하다.

결혼을 앞둔 최모씨는 예물로 목걸이를 골랐다. 브랜드나 세공기
술은 따지지 않고 순금으로 맞출 계획이다. 지인이 10여 년 전에
예물로 순금 팔찌와 목걸이 세트를 받았다는 얘기를 듣고 난 뒤
부터다.

금테크(금을 활용한 재테크)를 할 수 있다는 생각에 유명 브랜드
의 악세서리를 갖고 싶다는 생각이 사라졌다. 더욱이 예물로 받
은 물건은 고이 간직하게 되니 저절로 장기 투자를 할 수 있겠다
싶었다.

지인은 10년 가까이 예물 세트를 보관하다가 2020년 아파트

구입 자금에 보탰다고 한다. 시세차익도 챙겼다. 한 돈(3.75g)에 15만 원 했던 금값은 10여 년 사이 22만 원으로 40% 넘게 올랐기 때문이다.

현물로 소장하는 '미니 골드바' 인기

금테크로 최근 주목받는 게 골드바다. 현물(現物)로 소장할 수 있고, 시세 차익은 비과세로 금융소득종합과세에 포함되지 않아서다. 세금에 민감한 자산가가 선호하는 투자처다. 다만 실물을 구입할 때는 부가가치세·거래수수료 등 15% 안팎의 추가 비용이 든다.

한국금거래소에 따르면 2021년 4월 13일 기준 1kg짜리 골드바 가격은 약 7,209만 원(부가세 포함)이다. 골드바 크기도 다양하다. 금거래소에 따르면 1Kg짜리 대형 골드바보다 100g이하 미니 골드바가 인기를 끌고 있다. 100g짜리 미니 골드바 가격은 약 722만 원이다. 가장 작은 크기는 동전 모양(3.75g)으로 가격은 29만 원대다.

금테크 방법은 다양하다. 만약 현물 매입이 부담스럽다면 금펀드와 금통장(골드뱅킹)을 활용할 수 있다.

골드뱅킹은 은행 계좌에 돈을 넣으면 금 시세와 달러당 원화

구분	장점	주의할점
골드바	현물로 보유, 매매차익 비과세	살 때 부가가치세·수수료 등 15%비용
골드뱅킹	최소 0.01g부터 거래가능	매매차익에 배당소득세(15.4%) 부과
금 펀드	각국 증시에 상장된 금 기업에 투자	매매차익에 배당소득세(15.4%) 부과
KRX금 시장	양도차익 비과세	현물 인출할 땐 부가세(10%) 부과

자료: 한국거래서, 한국금거래소

가치를 고려해 이에 상당하는 금의 무게를 계산한 뒤 통장에 기재하는 방식이다. 현금으로 찾을 때 원화로 환산한 금값이 오르면 그만큼 시세차익을 챙길 수 있다. 최소 0.01g 단위로 소액으로 투자할 수 있다는 게 골드뱅킹의 장점이다.

현재 신한·KB국민·우리은행 등 시중은행에서 골드뱅킹 상품을 판매한다. 해마다 금 투자자가 늘면서 신한은행의 전체 가입 계좌수는 15만 계좌(2020년 10월 말 기준)를 넘어섰다. 잔액은 4,285억 원이다.

금 펀드는 각국 증시에 상장된 금광업체 등 금 관련 기업에 투자하는 펀드다. 금융정보업체 에프앤가이드에 따르면 2021년 4월 9일 기준 설정액 10억 원 이상인 12개 금펀드(ETF 제외)의 1년 평균 수익률은 8.6%다. 운용 기간이 길수록 수익률은 올라간다. 3년 수익률은 29%다.

세 부담이 가장 낮은 건
'KRX 금시장'

하지만 골드뱅킹과 금펀드는 세금 부담이 있다. 두 상품 모두 매매차익에 대해 배당소득세(15.4%)가 붙고, 금융소득종합과세에도 포함된다. 또한 골드뱅킹은 일반 예금에 적용하는 5,000만 원 이하 예금자보호 대상에서 제외된다는 점도 유의해야 한다.

세 부담을 낮추려면 한국거래소가 운영하는 KRX 금시장을 이용하는 것도 방법이다. 주식시장처럼 금을 1g 단위로 사고팔 수 있다. 이용 방법도 간편하다. 개인 투자자는 증권사에 계좌를 개설하면 홈트레이딩시스템(HTS)을 통해 거래할 수 있다. 가장 큰 장점은 금값이 올라서 이익을 내도 세금을 매기지 않는다는 점이다. 양도소득세가 없기 때문에 금융소득종합과세 대상에도 포함되지 않는다. 단, 현물로 찾을 땐 10%의 부가가치세가 매겨진다.

금테크의 핵심은 향후 금값이다. 금값 전망을 두고 글로벌 투자은행(IB)의 전망은 항상 엇갈린다. '금 랠리가 이어진다'는 낙관론과 '단기간 급등했기에 조정받을 수 있다'는 비관론이다. 결국 답은 하나다. 금테크는 장기적 관점에서 분산투자해야 한다.

송종길 한국금거래소 전무는 "금은 한정적인 자원인만큼 희소성이 높기 때문에 단기 시세차익을 노리기보다 장기적인 관점에서 투자해야 한다"고 말했다. 당장 높은 수익률을 기대하기보다 쌀 때 사서 묻어둬야 한다는 얘기다.

금을 팔 때는 대외악재로 경제에 대한 불안감이 커지는 시기다. 상당수 투자자들이 안전한 도피처로 금에 몰리면 금값은 치솟기 때문이다. 2020년 7월월 국내 금값은 코로나19 사태로 역대 최고가인 8만 100원(금 1g 기준)을 기록했다. 직전 최저가인 3만 9,134원(2015년 12월)의 2배로 뛴 것이다.

염기자의 정리박스　+

자산가는 골드바를 선호한다. 현물(現物)로 소장할 수 있고, 시세 차익은 비과세로 금융소득종합과세에 포함되지 않아서다. 단, 구입 시 15% 안팎의 추가 비용이 든다. 현물 매입이 부담된다면 금통장(골드뱅킹)과 금펀드를 활용할 수 있다. 하지만 두 상품 모두 매매차익에 대해 배당소득세가 붙고, 금융소득종합과세에도 포함된다. 결론적으로 KRX 금시장을 활용하는 게 세 부담이 가장 낮다. 이익을 내도 세금을 매기지 않고, 금융소득종합과세 대상에도 포함되지 않는다.

13월의 월급을 챙기는
연말정산 4가지 전략

●

근로자 소득에서 원천징수한 세액의 과부족을 연말에 정산하는 연말정산!
매년 공제 혜택이 줄면서 '13월의 월급'이 세금 고지서로 바뀌고 있다.
해를 넘기기 전에 한푼이라도 세금을 돌려받을 수 있는 방법을 찾자.

직장인 윤모(33)씨는 연말이 다가올수록 불안해진다. 그간 용돈
처럼 받아왔던 연말정산이었는데, 3년 전부터 20~30만 원씩 오
히려 돈을 토해내고 있어서다. '13월의 월급'이라고 굳게 믿었던
연말정산이었는데, 매년 공제혜택이 줄면서 '13월의 세금 고지
서'가 되고 있는 것이다.

그는 가까운 증권사를 찾아가 연금저축펀드와 퇴직연금(개인
형 퇴직연금)상품에 가입했다. 두 상품의 납입 한도액(700만 원)까
지 채우면 약 115만 원을 돌려받을 수 있다는 증권사 직원의 얘
기에 비로소 마음이 놓였다. 그는 "오래 살 것을 대비한 노후 준

비도 하면서 연말정산으로 세금도 돌려받을 수 있으니 두 마리 토끼를 잡은 기분"이라고 말했다.

'한푼'이라도 세금 돌려받는 연말정산 4가지 전략

연말정산은 근로자의 소득에서 원천징수한 세액의 과부족을 연말에 정산하는 일이다. 쉽게 설명하면 정부가 세금을 미리 뗀 뒤에 연말에 실제 낸 세금이 원천징수한 세금보다 많으면 돌려주고(환급세액), 적으면 더 부과(추가 납부세액)하게 한다.

연말정산은 다음해 2월분 급여를 받기 전까지 하면 된다. 연말정산 공제요건은 매년 12월 31일자로 판단하기 때문이다. 그렇다면 해를 넘기기 전에 한푼이라도 세금을 돌려받을 수 있는 4가지 전략을 소개한다.

신용카드 사용액은 '25%'를 확인하라

직장인들이 지급수단으로 선호하는 게 신용카드다. 연말정산의 첫걸음도 본인이 올해 신용카드를 얼마나 썼는지 확인하는 것으로 시작한다.

연말정산을 할 때는 신용카드 등 사용 금액(신용·체크카드·현금영수증 합계)이 급여액의 25%를 초과해야 공제받을 수 있다. 예를 들어 연봉이 7,000만 원인 직장인이라면 한해 1,750만 원 이상을 써야 한다는 얘기다.

그리고 25% 초과분에 해당하는 금액을 연간 300만 원 한도(연봉 7,000만 원 이하 기준)로 소득공제를 받을 수 있다. 신용카드 사용금액은 국세청의 연말정산 미리보기 서비스(홈택스)에서 미리 확인할 수 있다. 카드 소비가 이미 연 소득의 25%를 넘어섰다면 남은 기간 동안엔 체크카드나 현금을 이용하는 게 유리하다.

체크카드·현금영수증의 소득공제율은 30%로 신용카드(15%)에 비해 2배로 높다. 또한 전통시장과 대중교통 사용금액이 늘수록 소득공제액을 높일 수 있다. 전통시장과 대중교통 사용액에 대한 소득공제율은 신용카드의 2배인 40%이기 때문이다.

연금저축·퇴직연금을 700만 원 채워라

세액공제는 기본이고 노후 준비를 돕는 금융상품이 연금저축상품이다. 연금저축계좌는 크게 은행의 연금저축신탁, 보험사의 연금저축보험, 증권사의 연금저축펀드로 구분된다.

연금저축은 연간 400만 원(연봉 1억 2,000만 원을 초과하면 300만 원)까지 세액공제를 받을 수 있다. 세제혜택은 연간 소득이 낮을수록 더욱 커진다. 전체 급여가 5,500만 원을 초과하는 근로자는 52만 8,000원(13.2% 공제율)을 세액공제로 받는다. 반면 5,500만 원 이하면 16.5% 공제율이 적용돼 66만 원을 돌려받는다. 여기에 퇴직연금(IRP)에 가입하면 300만 원까지 추가로 세액공제가 가능하다. 예를 들어 연금저축과 IRP를 합쳐 700만 원을 채운다면 연봉 5,500만 원 이하 근로자는 연말정산 때 최대 115만 5,000원을 돌려받는다.

사회초년생의 연말정산 기본은 주택청약종합저축

주택청약종합저축도 빼놓을 수 없다. 연말정산에서 소득공제를 받을 수 있는데다 일찍 가입하면 청약가점을 높이는 데 도움이 된다.

과거에는 공공주택에만 청약할 수 있는 청약저축, 민영주택 마련에 도전할 수 있는 청약부금·예금, 이렇게 3가지 종류가 있었다. 그러다가 2009년 5월 이후 주택청약종합저축으로 통일됐고, 2015년 9월부터는 이 상품만 가입 가능하다. 사회초년생이라면 '청년우대 주택청약종합저축'을 챙겨야 한다. 2년 이상 유지 시 10년간 연 최대 3.3%의 금리와 이자소득 5,000만 원까지 비과세 혜택을 받을 수 있다. 단, 가입자격 조건이 있다. 만 19세 이상~만 34세 이하의 소득이 있는 무주택 세대주로, 연소득이 3,000만 원 이하여야 한다.

추가된 공제요건을 챙겨라

새로 바뀌거나 놓치는 공제요건이 없는지를 꼼꼼하게 따져봐야 한다. 2019년부터 총급여 7,000만 원 이하 근로자·배우자가 산후조리원을 이용한 경우 200만 원 한도로 의료비 공제를 받을 수 있다. 자녀 교육비도 챙겨야 한다. 미취학 아동 학원비는 교육비 공제대상이다. 또한 초·중·고등학생 자녀의 현장체험 학습비는 1명당 30만 원 한도에서 공제받을 수 있다. 중고차를 신용카드로 결제하거나 현금영수증을 발급받으면 구매액의 10%가 소득공제 대상에 포함된다.

월세액 세액공제 범위가 확대된 것도 눈에 띈다. 계약한 사람이 본인이 아니라 배우자여도 750만 원 한도 내에서 10% 세액을 공제받을 수 있다. 아파트·다가구·빌라 등 주택뿐 아니라 주거용 오피스텔과 고시원도 포함된다.

염기자의 정리박스 +

올해 신용카드를 얼마나 썼는지 점검하는 게 연말정산의 첫걸음이다. 신용카드 사용액이 급여액의 25%를 초과해야 공제 대상이다. 이미 '25%' 문턱을 넘어섰다면 신용카드보다 소득공제율이 높은 체크카드나 현금을 이용하는 게 유리하다. 세제혜택을 받는 상품도 챙겨야 한다. 연금저축펀드와 개인형 퇴직연금(IRP)을 700만 원까지 채우면 최대 115만 5,000원을 돌려받을 수 있다. 또한 교육비 공제 등 새로 바뀌거나 놓치는 공제조건이 없는지도 따져봐야 한다.

최근 각종 부동산 대책이 쏟아지면서 집을 사고(취득세), 보유하고(보유세), 매각(양도소득세)할 때 내는 세금이 강화됐다. 1주택자의 양도세 비과세 요건도 복잡해졌다. 꼼꼼하게 따져보지 않고 집을 팔거나 구입했다간 세금 부메랑을 맞을 수 있다. 여기에 임대차3법이 시행되면서 집주인과 세입자 간의 갈등까지 커졌다. 새로 바뀐 부동산 규제와 주택 구입 관련 세금폭탄을 피하는 방법을 살펴보자.

3장

•

내 인생의
최대 숙제인 '집'

전세계약이 2년 더 연장될까?
만약 집주인이 거주하겠다고 하면?

2020년 7월 말부터 세입자는 계약갱신청구권으로 계약을 2년 연장할 수 있다.
문제는 보증금을 시세 수준으로 올릴 수 없는 집주인의 반발이다.
집주인이 만기 연장에 동의하지 않거나 본인이 살겠다면 어떻게 해야 할까?

황모(36)씨는 2021년 7월 말 전셋집 계약 만기를 앞두고 있다. 황씨는 계약갱신청구권을 행사해 계약기간을 2년 더 연장할 계획이다. 황씨는 "주변 아파트 전셋값이 치솟은 데다 아내가 출산을 앞두고 있어 당분간 이사를 미루기로 결정했다"고 했다.

문제는 집주인이 계약갱신을 받아들일지다. 황씨는 "집주인이 세입자를 내보내기 위해 전세자금대출 만기 연장에 동의를 안 해줄 수 있다"고 토로했다. 그뿐만이 아니다. 그는 "얼마 전 집주인이 아들이 장가를 간다는 이야기를 했는데, 아들 신혼집으로 쓰겠다며 나가달라고 할까봐 걱정"이라고 했다.

집주인의 '동의 없이'
전세자금 만기연장 가능

임대차 계약 후 추가로 2년 연장할 수 있는 '계약갱신청구권'이 2020년 7월 말부터 시행됐다. 계약갱신청구권은 새 전셋집을 찾는 세입자보다 기존 세입자에게 유리한 측면이 있다. 이미 4년 이상을 거주한 경우에도 갱신요구권을 행사할 수 있기 때문이다.

계약갱신청구권은 최대 4년의 주거를 보장하는 게 아니라 1회에 한해 기존 계약을 2년 연장할 수 있는 권리를 부여한다. 세입자는 기존에 거주한 기간에 상관없이 현재의 임대차계약 만료 6개월~2개월 전(2020년 12월 10일 이후 계약 분부터. 이전 계약은 6개월~1개월 전)까지 갱신을 요구할 수 있다.

황씨 사례처럼 세입자들이 고민되는 건 계약갱신을 할 때 집주인이 전세자금대출 만기 연장에 동의를 해줄지다. 임대차3법 시행 이후 집주인 입장에서는 최대 4년간 전세 보증금을 시세 수준으로 올릴 수 없다. 집주인이 손해를 피하려면 기존 세입자를 내보내야 하는데, 세입자를 위해 전세대출 만기 연장에 동의해주지 않을 수 있다는 우려가 있다. 하지만 기존 전세대출을 연장하거나 금액을 늘릴 때 집주인의 동의가 필요하지 않다는 게 정부의 판단이다.

은행은 전세대출을 할 때 주택금융공사와 주택도시보증공사(HUG), 서울보증보험(SGI) 셋 중 한 곳의 보증을 끼고 해준다. 자세히 살펴보면 전세대출을 증액 없이 기간을 연장할 때는 어떤 보증 기관을 이용해도 집주인의 동의는 물론 통지는 필요하지 않다. 증액할 때는 임대인의 동의는 필요하지 않고 통지로 가능하다. 그동안은 은행이 사기 전세대출을 피하기 위해 관행처럼 임대인에게 연장 전세계약을 확인해온 것은 사실이다. 앞으로는 집주인의 동의는 물론 통지 방식도 임차인에게 피해가 발생하지 않도록 모바일 메시지, 관계인 수령 등으로 확대할 예정이다.

다만 집주인이 계약갱신청구권을 거부할 수 있는 예외조항이 있다. 집주인을 비롯해 직계존속·비속이 실거주를 위해 세를 놓은 집에 들어오는 경우다. 이때 집주인이 거짓말을 했는지 확인할 수 있는 안전장치를 마련했다. 세입자가 퇴거한 뒤에도 임대차 정보를 열람할 수 있게 한 것이다. 집주인이 직접 살겠다고 해서 이사를 했는데, 약속과 달리 새 세입자를 받았다면 손해배상을 청구할 수 있다는 얘기다.

전·월세전환율의 하향조정

기존 세입자와 달리 신규 세입자는 수도권을 중심으로 전세난으로 어려움을 겪고 있다. 전셋값은 오른 데다 전세 물건도 사라지고 있기 때문이다. 전세 품귀 현상의 가장 큰 이유는 기존 세입자는 계약갱신으로 버티고, 집주인이 실거주하기 위해 물건을 거둬들이며 전세 매물이 자취를 감춘 탓이다. 또한 월세를 선호하는 집주인이 늘면서 기존에 내놨던 전세를 보증부 월세(반전세)로 바꾸는 추세다.

정부는 전세의 월세 전환 속도를 늦추기 위해 2020년 8월 전월세 전환율을 기존 4%에서 2.5% 조정했다. 전·월세 전환율은 전세 보증금 전부나 일부를 월세로 바꿀 때 기준이 되는 법정 비율이다. 월세를 전세로 환원할 때는 적용하지 않는다. 그동안 전·월세 전환율은 기준금리(0.5%)에 3.5%p를 더해 정했다. 4% 전·월세 전환율은 2020년 8월 기준 '기준금리(0.5%)+2.0%p'로 낮춰지면서 2.5%로 하향 조정된 것이다.

염기자의 정리박스

세입자가 계약갱신으로 기존 전세대출을 연장하거나 금액을 늘릴 때는 집주인의 동의가 필요하지 않다. 구체적으로 살펴보면, 전세대출을 증액하지 않고 기간만 연장할 때는 집주인의 동의는 물론 통지도 필요하지 않다는 게 국토부의 설명이다. 증액할 때는 임대인의 동의는 필요하지 않고 통지만 하면 된다. 다만 집주인을 비롯해 직계존속·비속이 실거주를 위해 세를 놓은 집에 들어오는 경우에는 계약갱신청구권을 거부할 수 있다는 점은 알아둬야 한다.

전세 낀 집을 살 때는
'세입자 계약 만료 시점'을 꼭 확인해야

임대차3법 시행으로 전세 낀 집을 둘러싼 삼자인
집주인과 세입자, 새 집주인 간의 다툼이 늘고 있다.
전세 낀 집을 살 때 '세입자의 계약 만료 시점'을 잘 살펴야 한다.

"집을 팔아서 빚을 갚아야 하는데 중간에서 고통받고 있습니다. 매매계약서 쓴 다음날 갑자기 세입자는 계약갱신을 요구하고, 새로 집을 산 사람은 실거주하겠다고 세입자를 내보내라고 하네요."

2020년 9월 청와대 국민청원 인터넷 게시판에 올라온 글 중 일부다. 1주택자인 청원인은 사업이 어려워 집을 팔아서라도 빚을 갚아야 하는데 계약갱신청구권으로 어려움을 겪고 있다는 내용이다. 그는 "세입자는 나갈 수 없다고 하고, 매수자는 전세 만료 날에 맞춰 실거주하겠다고 통보해왔다"며 "돈이 급한데 중간에서 이러지도 저러지도 못하며 고통만 받는다"고 했다.

전세 계약이
최소 7~8개월 남았는지 확인

2020년 7월 말 임대차3법이 시행되면서 전세 낀 주택을 둘러싼 집주인, 세입자, 새 집주인 간의 삼자간 분쟁이 늘고 있다. 앞으로 분쟁에 휘말리지 않으려면 세세하게 따져 집을 사야 한다. 시세보다 저렴한 전세 낀 매물은 더 꼼꼼히 살펴야 한다. 가장 중요한 건 세입자의 계약 만료 시점이다. 최소 7~8개월 이상 남았는지를 확인해야 한다는 게 공인중개업체의 공통된 얘기다.

집주인이 바뀌기 전에 세입자가 계약갱신을 이미 요구했다면, 새 집주인이 실거주 목적으로 집을 사도 거주할 수 없다는 게 정부의 판단이다. 쉽게 설명하면 세입자가 계약 만료 전 계약갱신을 요구할 때 집주인이 누구인지에 따라 달라진다는 것이다. 주택임대차보호법에 따르면 세입자가 계약갱신청구권을 행사할 수 있는 시기는 '계약 만료 6개월 전부터 1개월 전'으로 규정돼 있다. 다만 2020년 12월 10일 이후 새롭게 전세 계약을 했다면 계약갱신청구권 행사는 '계약 만료 6개월 전부터 2개월 전'으로 당겨진다.

집주인이 바뀌기 전에 세입자가 계약갱신을 이미 요청했다면, 새 집주인은 주택을 사더라도 실거주를 할 수 없다. 반대로 새로운 집주인에게 소유권이 넘어간 후, 세입자가 계약갱신을 요구한다면 실거주 이유로 계약갱신을 거절할 수 있다. 이때 중요한 점은 새 집주인은 계약 이후 잔금 등을 치른 후 소유권 이전등기까지 끝내야 임대인의 자격을 갖는다는 것이다. 새 집주인이 계약이후 잔금 등을 치른 뒤 소유권 이전 등기까지 완벽히 끝내려면 세입자의 계약기간이 최소 7~8개월 이상 남아 있어야 한다는 얘기다.

복잡해진 임대차3법은 시장에도 영향을 끼치고 있다. 2020년 하반기부터 전세 낀 매물 거래가 눈에 띄게 위축되고 있다. 익명을 요구한 서울 개포동 공인중개업체 대표는 "요즘 전세 낀 매물은 가격을 낮춰도 나가지 않는다"며 "자칫 샀다가 최대 4년 이상은 입주를 못할 수 있다는 불안감이 커졌다"고 말했다.

주택 매매 시 계약서에
'계약갱신청구권 행사여부' 표기

결국 정부가 또 하나의 보완책을 내놨다. 주택을 매매할 때 세입자의 '계약갱신청구권 행사여부'를 계약서에 표기하도록 했다. 이같은 공인중개사법 시행규칙이 2021년 2월 13일부터 시행됐다.

이번 개정으로 계약 때 공인중개사가 제공하는 '중개대상물의 확인설명서'에 세입자의 갱신요구권 행사 여부 항목이 생긴다. 이에 따라 공인중개사는 기존 세입자가 있는 주택 매매를 중개할 때 세입자의 계약갱신청구권 행사여부를 매도인으로부터 확인받아 계약서에 명시해야 한다. 그렇게 한다면 세입자를 긴 집을 둘러싼 새 주인과 세입자 간의 임대차 분쟁은 다소 줄 것으로 보인다.

새 집을 살 때는 규제지역에 묶여 있는지도 꼼꼼하게 살펴봐야 한다. 집을 살 때 붙는 취득세가 달라지기 때문이다. 기존 소유 주택의 소유지와 상관없이 조정대상 지역에 두 번째 집을 사면 8%, 3주택 이상은 12%다. 다만 비조정대상지역은 차등 적용해 세 번째 주택부터 8% 중과세율을 매긴다.

그렇다면 실수요자는 언제 집을 사는 게 좋을까? 상당수 부동산 시장 전문가는 "서울 집값이 급등해 지금 구입하는 건 부담스럽다"며 "청약가점이 높거나 특별공급에 해당하는 무주택자는 분양을 노려보는 게 안전하다"고 입을 모은다. 하지만 가점이 낮아 당첨 가능성이 낮다면 보유세 부담 등으로 나올 급매물을 노려볼 만하다고 조언했다.

염기자의 정리박스 +

주택임대차보호법에 따르면 세입자가 계약갱신청구권을 행사할 수 있는 시기는 계약 만료 6개월 전부터 2개월 전(2020년 12월 10일 이후 계약 분부터)이다. 따라서 새 집주인은 세입자와 계약을 갱신하기 전에 소유권 이전등기까지 마무리해 임대인 자격을 갖춰야 한다.

육아문제로 부모와 집을 합치면 1주택자 비과세 혜택을 못 받나?

맞벌이 부부가 육아 문제로 부모와 집을 합치는 경우가 있다.
집 한 채가 있는 부부가 부모의 집 주소로 옮기면 1가구 2주택자가 된다.
부모 집 인근으로 이사오기 위해 기존 집을 팔면 양도세 중과 대상인 걸까?

맞벌이 부부인 직장인 최모(42)씨는 요즘 '집 문제'로 고민이 많다. 2년 전에 아이가 태어난 이후 경기도 용인의 친정집으로 이사를 왔다. 처음에는 1년만 머물 생각으로 서울에서 살던 집은 전세로 돌렸다. 하지만 회사를 다니면서 육아까지 병행하는 게 쉽지 않았다. 아무래도 친정엄마의 도움이 필요했다.

문제는 최씨가 부모집 주소로 옮겨오면서 1가구 2주택자가 됐다는 점이다. 요즘 부동산 세금이 강화되는데 이러다 서울 아파트를 팔면 양도세가 중과될지 걱정이다. 최근에 기존 집을 팔고, 부모 집 인근에 집을 사서 이사 오는 방법도 고민중이기 때문이다.

고령 부모와 함께 살 땐
'1주택'으로 간주

결론부터 얘기하면, 최씨 부부가 보유한 서울 집을 팔더라도 비과세 혜택을 받을 수 있다. 세법에서는 자녀가 60세 이상 부모와 함께 살면 10년간 주택 수를 합치지 않는다.

최씨 사례처럼 집 한 채를 보유한 부부가 부모 집으로 주소를 옮겨도 1가구 2주택자로 분류하지 않는다는 얘기다. 이런 경우 10년 안에 먼저 파는 집은 양도세 비과세 혜택을 준다. 이때 주의할 점은 부모 중 한 분의 나이는 반드시 만 60세를 넘어야 한다는 것이다.

하지만 1주택자도 안심할 수 없는 것은 사실이다. 2020년 양도세 비과세 요건이 강화됐기 때문이다. 2017년 8월 3일 이후 조정대상지역에서 산 주택은 2년 거주와 2년 보유 조건을 모두 충족해야 9억 원(실거래가)까지는 양도세를 물지 않는다. 그 이전에 취득한 주택과 비규제지역은 2년 보유 조건만 채우면 된다. 또한 1주택자라도 집값이 9억 원을 넘으면 9억 원 초과 분에 대해선 양도세를 내야 한다.

다만 장기보유특별공제로 세금을 줄일 수 있다. 장기보유특별공제는 3년 이상 보유한 부동산을 팔 경우 양도 차익에서 일부를 차감하는 제도다. 1년당 8%씩 최대 80%까지 공제한다. 이때도 '2년 실거주 요건'을 채워야 한다.

특히 2021년부터 바뀌는 '장기보유특별공제' 우대조건을 꼼꼼하게 잘 살펴야 한다. 2020년까지는 10년 보유, 2년 거주하면 '보유기간 1년당 8%씩' 최대 80% 장기보유특별공제로 세금 부담을 줄일 수 있었다. 하지만 2021년 1월 1일부터는 연 8% 공제율이 '보유기간 연 4%+거주기간 4%'로 바뀐다. 즉 보유기간뿐만 아니라 거주기간을 늘려야 우대 혜택을 받을 수 있는 것이다.

예를 들어 10년간 아파트를 보유하고, 이 가운데 2년간 실거주를 한 경우를 가정해보자. 2020년까지는 장기보유특별공체로 최대 80%까지 공제를 받을 수 있었다. 그러나 2021년 1월 1일부터 48%만 공제를 받는다.

이른바 '일시적 2주택자'도 헷갈리는 부분이 많다. 조정대상지역 내 일시적 2주택자의 비과세 혜택 요건은 '기존 주택 처분'이다. 문제는 새집 구매 시점에 따라 기존 주택의 처분기간이 달라지므로 꼼꼼하게 따져야 한다는 것이다.

우선 2019년 12월 17일 이후 새 주택을 산 일시적 2주택자는 기존 주택을 1년 내 팔고 1년 안에 새집으로 옮겨야 한다. 2018년 9월 14일부터 2019년 12월 16일 안에 신규 주택을 취득했다면 기존 주택 처분기간은 2년이다. 마지막으로 2018년 9월 14일 전에 집을 구매한 경우는 3년 안에 기존 주택을 팔아야 비과세 혜택을 누릴 수 있다.

| 2년 미만 보유 주택의 양도세율 인상 |

구분	2021년 5월 31일 이전 양도	2021년 6월 1일 이후 양도
1년 미만	40%	70%
1~2년	기본세율	60%

자료: 기획재정부

| 달라진 장기보유특별공제 |

구분	장기보유특별공제	특징
2020년 12월 31일까지	보유기간 연 8% 공제율	보유기간 10년, 양도차익 80% 공제
2021년 1월 1일 이후	보유기간 연 4%+거주기간 연 4% (거주기간 추가)	보유기간 10년, 거주기간 2년일 경우 양도차익 48% 공제

자료: 양경섭 온세그룹 세무사

다주택자라면
시세차익 큰 주택을 마지막에 정리해야

2주택 이상 다주택자라면 구체적인 매각 계획을 세워야 한다. 2021년 6월부터 양도세 비과세 요건은 깐깐해지고, 중과세율도 높아져 자칫 세금폭탄을 맞을 수 있기 때문이다.

2021년 6월 1일 기준으로 2주택자의 양도세 중과세율은 20%로 2020년보다 10%p 더 올랐다. 또한 양도차익이 적고 상대적으로 저렴한 주택부터 먼저 파는 게 기본적인 절세 전략이다. 시세 차익이 가장 많은 주택을 마지막에 정리해야 비과세 혜택을 볼 수 있기 때문이다.

단, 주의할 점이 있다. 2021년 1월 1일부터 최종 주택이 1주택이 된 시점부터 2년 이상을 보유해야 비과세 혜택을 받을 수 있다.

염기자의 정리박스

최근 1주택자의 양도세 비과세 요건이 강화됐다. 2017년 8월 3일 이후 조정대상지역에 산 주택은 2년 거주와 2년 보유 조건을 동시에 충족해야 9억 원(실거래가)까지는 양도세를 물지 않는다. 양도세 부담을 낮춰주는 장기보유특별공제 우대 조건도 2021년 1월부터 달라졌다. 연 8% 공제율이 '보유기간 연 4%+거주기간 연 4%'로 바뀌었다. 갈수록 거주기간이 중요해진다. 다만 집 한 채를 보유한 자녀가 60세 이상 부모 집으로 주소를 옮기는 경우는 1가구 2주택자로 분류되지 않는다.

20대 자녀 명의로 집을 샀다면
1주택자로 취득세를 내야 할까?

●

최근 취득세 중과 대상자를 판단할 때
오피스텔을 포함한 분양권, 입주권도 포함된다.
취득세뿐 아니라 주택담보대출 요건도 강화됐다.

지방에서 회사를 경영하는 김모씨는 요즘 서울에 아들 명의로 주택을 구입할지 고민이다. 서울권 아파트를 사는 게 지방보다 투자 수익률이 높겠다는 판단 때문이다. 또한 올해 대학을 입학한 자녀가 살 곳도 필요했다.

대신 그 주택의 명의는 1주택자인 본인 대신 아들로 하는 것을 염두에 두고 있다. 무주택자인 아들 명의로 구입하면 1~3% 취득세가 부과되니 취득세 중과는 피할 수 있다.

과연 김모씨의 계획대로 될까? 즉 자녀 명의로 첫 주택을 사면, 아들은 1가구 1주택자로 취득세를 내면 될까?

부모 주택 수를 더해
취득세를 부과

김씨처럼 대다수는 자녀가 첫 주택을 구입하면 1주택자로 취득세를 매길 것으로 예상하나, 그렇지 않다. 부모가 소유한 주택 수를 더해 다주택자이면 취득세를 중과한다. 가구원 전체가 보유한 주택 수를 계산해 취득세율을 결정하기 때문이다. 주민등록표에 함께 기재된 배우자와 30세 미만의 미혼 자녀는 따로 살아도 같은 가구로 본다. 다만 30세 미만 자녀가 독립해 살고, 월 약 70만 원 이상을 벌면 별도 가구로 구분한다. 이때는 1주택자로 1~3% 취득세가 부과된다.

최근 취득세도 강화돼 중과 대상인지 꼼꼼하게 살펴봐야 한다. 가구원 전체가 이미 한 채를 보유한 상황에서 조정대상지역에 추가로 한 채를 더 사면 취득세 중과대상에 포함된다. 취득세 중과 대상이 기존 4주택자에서 2주택자 이상으로 확대됐다. 2주택자는 8%, 3주택자 이상은 12% 취득세율을 적용한다. 1주택자는 종전(1~3%)과 같다. 기존 3주택자까지 집값에 따라 1~3%의 세율을 매긴 것과 비교하면 세 부담이 커졌다.

단, 조정대상지역에 한해서다. 비조정대상지역은 거래 침체를 우려해 차등 적용한다. 2주택까지는 1~3%, 3주택은 8%, 4주택 이상은 12%다.

주의할 점이 하나 더 있다. 2020년 8월 지방세법 개정안이 통과되면서 취득세 중과 대상자를 판단할 때 오피스텔을 포함한 분양권, 입주권도 포함된다.

그렇다면 일시적 2주택자도 취득세 중과적용을 받을까? 이사나 취업 등의 이유로 인한 일시적 2주택자라면 1주택자와 동일(1~3%)하다. 대신 두 번째 주택을 구입한 이후 3년 안에 기존 주택을 처분해야 한다. 기존 주택은 물론 새로 산 집도 모두 조정대상지역 안에 있다면 기존 집은 1년 안에 반드시 팔아야 한다. 기한 내에 기존 주택을 정리하지 않으면 가산세를 포함한 차액을 추징한다.

취득세뿐만이 아니다. 집을 살 때 필요한 주택담보대출(이하 주담대)을 받아 아파트를 사는 것도 힘들어졌다. 은행에서 아파트를 담보로 돈을 빌릴 수 있는 한도(주택담보대출비율·LTV)가 줄고 있다. LTV는 지역별 부동산 규제 강도에 따라 달라진다. 비규제지역은 집값의 70%까지 대출을 받을 수 있다. 조정대상지역은 50%이고, 서울처럼 투기지역·투기과열지구는 40%다. 다만 무주택·서민 실수요자에 한해 2021년 7월 1일부터 LTV 우대 폭을 현행 10%p에서 20%p로 확대된다.

집값이 9억 원을 넘으면 대출한도는 더 쪼그라든다. 투기지역·투기과열지구에서 9억 원이 넘는 아파트를 구입하면 9억 원까지는 40%, 9억 원 초과분에는 20%를 적용한다. 집값이 15억 원을 넘으면 아예 주담대를 받을 수 없다.

다만 2021년 7월부터 무주택 실수요자에 한해 LTV(최대 4억 원 한도)가 완화된다. 투기지역·투기과열지구에서 LTV의 경우 집 값 6억 원 이하에서는 60%, 6~9억 원 구간의 초과분에 50%를 적용한다. 조정대상지역의 경우 5억 원 이하에는 70%, 5~8억 원 사이 초과분에는 60%를 적용한다. 우대혜택을 받을 수 있는 무주택 세대주의 소득 기준은 부부 합산으로 연소득 9,000만 원 이하(생애 최초는 1억 원 미만)다.

주담대를 받았다면
6개월 안에 '실거주'

또한 무주택자가 주담대를 받아 집을 사면 실거주해야 하는 규정이 생겼다. 2020년 6·17대책으로 무주택자라도 규제지역에서 주담대를 받아 집을 샀다면 6개월 안에 해당 집으로 옮겨야 한다. 이는 갭 투자를 막기 위해서다.

그동안은 투기과열지구에서 9억 원이 넘는 주택을 구입할 때만 1년(조정대상지역은 2년) 안에 전입하도록 했는데, '실거주' 요건을 강화했다. 6개월 안에 이사하지 않으면 약정 위반으로 대출금을 돌려줘야 한다. 앞으로 3년 동안 주택 관련 대출을 받을 때도 제약이 따른다.

과거처럼 전세자금 대출을 받아 아파트 구입자금에 보태는 것도 쉽지 않다. 빚내서 집을 사고 싶어도, 대출받을 곳이 마땅치 않다. 요즘 서울에서는 전세대출을 받아 전셋집에 살면서 전세를 낀 아파트를 구입하는 식의 갭투자는 어렵다.

2020년 7월 10일부터 투기지역·투기과열지구에서 3억 원이 넘는 아파트를 새로 사면 전세자금대출 보증을 이용할 수 없다. 전세대출을 받아 투기지역에서 3억 원 초과 아파트를 구입하면, 대출금을 곧바로 갚아야 한다. 3억 원 이하 아파트를 구입해야만 대출 제약이 없다는 얘기다.

염기자의 정리박스 +

최근 취득세가 강화돼 중과대상인지를 꼼꼼하게 살펴봐야 한다. 가구 원 전체가 이미 한 채를 보유한 상황에서 조정대상지역에 추가로 한 채를 더 구입하면 중과대상이다. 빚내서 집을 사는 것도 쉽지 않다. 집 값이 15억 원을 넘으면 아예 주택담보대출을 받을 수 없는데다 대출 한도도 줄었기 때문이다. 투기·투기과열지구 주택담보대출비율(LTV) 은 40%(무주택자·서민 실수요자 제외), 조정대상지역은 50%다.

개인회생을 신청해도
주택 압류를 막을 수 있다

●

개인회생 채무조정에는 주택담보대출은 포함되지 않는다.
집마저 경매로 넘어갈까봐 개인회생을 하지 못하는 채무자도 적지 않다.
개인회생으로 집이 경매로 넘어가는 것을 차단할 방법은 없을까?

개인회생 신청을 앞둔 전화상담원 김모(53)씨는 고민이 많다. 채
무조정이 시급했지만 개인회생 채무조정에는 주택담보대출이
포함되지 않는 것을 상담 과정에서 알게 되면서다. 개인회생을
신청한 순간 홀로 사는 빌라에서 쫓겨날 수 있다는 사실에 김씨
는 눈앞이 캄캄했다.

그는 자가면역질환인 루푸스를 앓게 되면서 병원비가 감당
이 안 돼 대출을 받았다. 투병중인 2~3년 사이에 빚은 단숨에
7,200만 원으로 불어났다. 이자 연체가 쌓이면서 채무 독촉도
늘었다. 김씨는 "개인회생 신청으로 채무 독촉에서 벗어나고 싶

은데 은행(채권자)이 집을 경매로 넘기면 당장 살 곳이 없다"면서 "몸도 아픈데 병원비와 월세까지 감당하면서 살 수 있을지 걱정"이라고 말했다.

주택담보대출 연계형 개인회생을 신청하면 된다

개인회생 신청자가 집이 경매로 넘어가는 것을 막을 방법이 있을까? 김씨가 법원에 주택담보대출 연계형 개인회생을 신청하면 된다. 2019년 초부터 서울회생법원과 신용회복위원회가 손잡고 시범적으로 시행하는 채무조정 프로그램이다.

개인회생 제도는 파산 위기에 놓인 채무자가 최저생계비를 뺀 나머지 소득으로 3년간 개인재산(청산가치 기준) 이상을 갚으면 일부 채무를 덜어주는 정부 제도다. 하지만 개인회생은 신용대출로 빌린 금액만 채무조정 대상에 포함한다.

서울금융복지상담센터 관계자는 "개인회생이 진행되더라도 담보대출은 채권자의 강제처분을 별제권으로 인정하고 있다"면서 "상당수 은행(채권자)은 개인회생이 결정되면 채무자의 상환 능력이 낮다고 판단해 담보로 잡고 있는 집을 경매로 넘길 수 있다"고 말했다.

집이 경매로 넘어가면 개인회생 신청자가 빚을 갚을 수 있는 능력은 더 떨어질 수밖에 없다. 백주선 한국파산회생변호사회 회장(변호사)은 "개인회생으로 집이 경매로 넘어가면 채무자는 주택담보대출 이자보다 더 커진 전·월세 부담으로 변제계획안을 지키지 못하는 사례가 많다"고 지적했다.

금융당국이 새롭게 내놓은 개인회생 프로그램은 신용대출과 담보대출 채무조정을 연계했다. 채무자가 법원에서 개인회생 절차를 밟는 동안 주택담보대출의 경우 신용회복위원회를 통해 이자만 갚는 방식이다.

이자율도 연간 최소 2.75%(기준금리+2.25%, 2021년 8월 기준금리 인상 전)로 제2금융권 주택담보대출 이용자라면 기존에 비해 이자 부담을 크게 줄일 수 있다. 기존 주택담보대출 이자가 이보다 낮다면 원 이자율 그대로 적용한다. 개인회생 절차가 끝난 뒤에는 나머지 주택담보대출 원리금을 최대 35년 안에 상환할 수 있도록 했다.

회생기간을 3년에서 최대 5년으로 늘려

다만 개인회생 최대 변제 기간은 기존 3년에서 최대 5년으로 늘었다. 신용회복위원회 측은 "이 대책은 채무자가 집도 지키면서 빚을 갚기 때문에 안정적인 삶을 유지할 기회가 된다. 대신 상환액 축소 등으로 채권자가 피해를 보지 않도록 변제기간이 늘어났다"고 설명했다.

사례자인 김씨가 개인회생만 신청했다면 3년 동안 매달 200만 원씩 빚을 갚게 된다. 문제는 1억 원 상당의 주택담보대출이 낀 빌라가 경매로 넘어가게 된다는 점이다. 하지만 주택담보대출 연계형 개인회생을 신청하면 집도 지키면서 빚을 갚는 데 숨통이 다소 트일 수 있다.

신용회복위원회가 김씨 사례로 2019년 시뮬레이션을 해본 결과, 그는 4년 6개월 동안 무담보 채무에 대해 매달 133만 원씩 변제하면 된다. 그동안 주택담보대출은 매달 25만 6,830원씩 이자만 내면 된다. 회생 절차가 끝난 뒤에는 매달 42만 5,000원가량의 원리금을 400개월 동안(약 33년) 분할 상환하는 방식이다(아래의 표 참고).

| 김씨가 주담대 연계형 개인회생 채무조정을 받는다면 |

구분	연계형 채무조정 전	연계형 채무조정 후
개인회생	월 200만 원×36개월 =7,200만 원	월 133만 원×54개월 =7,200만 원
주택담보 대출	은행이 집을 경매로 넘길 가능성이 있음	• 개인회생 기간(54개월)=250,830원 이자변제 • 회생 끝난 이후(400개월)=약 42만 원 원리금 변제

※ 전화 상담원 김씨(53) 사례로 시뮬레이션한 결과.
자료: 신용회복위원회

새로 바뀐 채무조정 제도는 신청 대상에 제약이 있다. 우선 부부합산 소득이 7,000만 원 이하이고 6억 원 이하 생계형 주택 실거주자가 대상이다. 또한 서울회생법원에서만 신청할 수 있다. 즉 채무자 주소를 비롯해 사무소, 근무지 중 한 곳이 서울인 경우 대상이다.

염기자의 정리박스 +

개인회생을 신청해도 주택 압류를 막는 방법이 있다. 그것은 바로 주택담보대출 연계형 개인회생이다. 2019년 초부터 서울회생법원과 신용회복위원회가 손잡고 시범적으로 시행하는 채무조정 프로그램이다. 채무자가 법원에서 개인회생 절차를 밟는 동안 주택담보대출은 신용회복위원회를 통해 이자를 갚는 방식이다. 회생 절차가 끝난 뒤 나머지 원리금을 최대 35년 안에 갚는 방식이다. 다만 변제기간은 기존 3년에서 최대 5년으로 늘어난다.

형제가 집을 '반반'씩
사이좋게 상속받으면 세금폭탄

●

1주택자가 주택지분을 쪼갠 일명 '반반' 상속을 받더라도
매년 엄청난 액수의 종합부동산세를 내는 것을 피할 수 없다.
세법상 주택지분도 주택 수에 포함되기 때문이다.

1주택자인 김모(50)씨는 최근 물려받은 상속 주택 때문에 골머리를 앓고 있다. 주택의 지분 50%를 가지고 있어도 주택 수에 포함된다는 사실을 최근에 세무 상담을 받고 알게 됐기 때문이다. 홀로 남으셨던 어머니가 돌아가신 뒤 동생과 공동 명의로 '반반' 상속한 탓에 매년 종합부동산세(종부세)로 수백만 원을 납부해야 할 상황이 됐다.

상복받은 주택을 처분하는 것도 쉽지 않다. 지분의 절반을 가지고 있는 무주택자인 동생이 집값이 더 오른 뒤 팔자고 버티고 있기 때문이다. 김씨는 "상속세에 종부세까지 세금폭탄을 맞을

위기"라며 "요즘 동생과 말다툼까지 늘어 상속지분을 포기할까 싶을 정도"라고 토로했다.

집 '반반' 상속은
종부세를 꼭 따져야

집을 상속받을 때는 세금을 꼼꼼하게 따져봐야 한다. 특히 형제 간 주택지분을 쪼개 '반반' 상속을 받았다가 종합부동산세(이하 종부세) 등 세금폭탄을 받을 수 있다. 세법상 주택지분도 주택 수에 포함되기 때문이다.

더욱이 상속 주택(지분 포함)을 포함해 2채 이상 서울 등 조정대상 지역에 갖고 있으면 종부세 부담은 더 커진다. 2020년 7·10대책으로 종부세 최고세율이 기존 3.2%에서 6%로 뛰었기 때문이다. 다만 상속 주택지분율이 20% 이하인 동시에 지분 공시가격이 3억 원 이하인 경우는 주택 수에서 제외한다.

김씨가 서울 신정동 목동힐스테이트(전용 84m²)를 보유한 1주택자로 서울 중계동 건영3차 아파트(전용 84m²)를 최근 동생과 공동상속(지분 50%) 받았다고 가정하자. 김씨가 내야 할 2021년 종부세는 456만 원으로 1년 전(24만 원)보다 19배 늘어난다.

양경섭 온세그룹 세무사가 종부세 세율 인상과 세 부담 상한 300%를 적용해 모의 계산(시뮬레이션)한 결과다. 김씨의 종부세

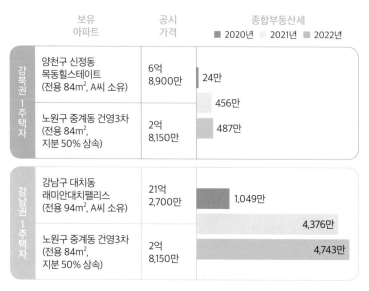

Ⅰ 주택을 상속받은 김씨의 가상 시나리오별 종합부동산세 시뮬레이션 Ⅰ

지난달 김씨가 형제와 공동상속(지분 50%)으로 집을 물려받은 경우,
종합부동산세 세율 인상과 세부담 상한 300% 적용

	보유 아파트	공시 가격	종합부동산세 ■ 2020년 ▨ 2021년 ▨ 2022년		
강북권 1주택자	양천구 신정동 목동힐스테이트 (전용 84m², A씨 소유)	6억 8,900만	24만		
				456만	
	노원구 중계동 건영3차 (전용 84m², 지분 50% 상속)	2억 8,150만		487만	
강남권 1주택자	강남구 대치동 래미안대치팰리스 (전용 94m², A씨 소유)	21억 2,700만	1,049만		
					4,376만
	노원구 중계동 건영3차 (전용 84m², 지분 50% 상속)	2억 8,150만			4,743만

자료: 중앙일보, 양경섭 온세그룹 세무사 (단위: 원)

가 큰 폭으로 늘어난 것은 상속받은 주택지분이 주택 수로 더해 지면서 2주택자로 세금을 매겼기 때문이다.

또한 두 채 모두 서울에 있어 종부세 세율도 커졌다. 아파트 두 채의 공시가격(9억 7,050만 원)에 매겨지는 종부세 세율은 1.6%로 기존(0.5%)보다 3배 이상 증가했다.

만일 김씨가 '똑똑한 한 채'라 불리는 강남권 주택 1채 소유자라면 세 부담은 눈덩이처럼 커진다. 예컨대 김씨가 시세 30억 원 상당의 서울 대치동 래미안대치팰리스(전용 94m²)를 갖고 있다면

2021년 종부세는 4,376만 원으로 불어난다. 2020년(1,049만 원)보다 317% 증가한 수치다. 아파트 지분(건영3차) 상속으로 공시가격(24억 850만 원)은 기존(21억 2,700만 원)보다 13% 늘었지만 종부세 중과세율(3.6%)을 적용한 영향이 크다. 늘어난 종부세에다 상속세(5,674만 원)까지 합하면 김씨가 세금을 내기 위해 마련해야 하는 돈만 1억 원에 이른다.

우병탁 신한은행 부동산투자자문센터 세무사는 "최근 종부세 부담이 커져 주택지분을 쪼개 상속할 때는 세금을 꼼꼼하게 따져야 한다"며 "무주택자 자녀에게 주택을 주고 나머지 형제에게 금융 재산을 분배하는 게 가장 효율적인 방법"이라고 했다.

전체 상속 재산이 집 한 채라면 주택지분을 20% 이하로 쪼개 지분 공시가격을 3억 원 이하로 낮춰 상속하는 것도 차선책일 수 있다. 상속지분이 주택 수에 포함되지 않기 때문에 세 부담을 줄일 수 있다. 단, 상속지분 공시가격이 3억 원을 초과하면 이조차도 무용지물이다.

양도세는
상속 주택이 주택 수에서 제외된다

집을 팔 때도 지분도 주택 수에 포함될까? 종부세와 달리 양도소득세는 상속 주택 특례규정이 있다. 1주택자가 주택을 상속받아

2주택자가 되더라도 상속 주택은 주택 수에서 제외한다는 예외 조항이다.

　김씨가 1주택자 양도세 비과세 혜택까지 챙기려면 기존 주택을 먼저 팔아야 한다. 반대로 상속 주택부터 상속 후 5년 이내 처분하면 일반 양도세율(6~45%)을 적용한다.

염기자의 정리박스 ＋

주택의 지분을 갖고 있어도 주택 수에 포함된다. 다만 상속 주택지분율이 20% 이하인 동시에 지분 공시가격이 3억 원 이하면 주택 수에서 제외된다. 또한 취득할 때와 달리 집을 팔 때 상속 주택은 주택 수에 제외된다. 상속 주택 특례규정 때문이다. 이때 1주택자 양도세 비과세 혜택까지 챙기려면 기존 주택을 먼저 팔아야 한다. 반대로 상속 주택부터 상속 후 5년 이내에 팔면 일반 양도세율이 적용된다.

절세 알아보다가 이혼,
갈라서면 정말 세금 줄어들까?

●

정부의 강력한 부동산 과세 정책이 '가족' 해체의 불씨가 된다.
집을 여러 채 보유한 가족이 '한집'에 같이 사는 것보다
뿔뿔이 흩어지는 게 부동산발 세금폭탄을 피할 수 있어서다.

"6억 원 세금을 낼 바엔 이혼해서 노후자금을 마련하겠다." 익명
을 요구한 세무사가 최근 상담한 60대 부부의 얘기다.

15억 상당의 서울 아파트 두 채를 보유한 부부가 이혼 얘기까
지 나온 데는 양도소득세 중과세율이 결정적이었다. "시세차익
의 절반을 세금으로 내느니 이혼해 1가구 1주택 비과세 혜택을
받는 게 낫다"는 아내의 주장에 남편과 말다툼이 일었다. 중간에
낀 세무사는 이혼을 말리느라 진땀을 흘려야 했다.

15억 강남아파트를 팔면
양도세가 무려 6억 원

주택 투기를 막기 위한 정부의 과세 칼날이 엉뚱하게도 '가족 해체'의 불씨가 되고 있다. 세법상 거주자와 배우자, 그리고 자녀가 동일한 주소에서 살면 하나의 세대로 구분한다. 집을 여러 채 보유한 가족이 '한집'에 살면 보유세는 물론 양도소득세 중과로 세금 부담이 확 커진다. 이 때문에 세금폭탄을 피하기 위해 가족이 뿔뿔이 흩어지는 일이 나타나고 있다.

상담 사례처럼 다주택자인 부부가 갈라서면 주택 관련 세금에 미치는 영향이 클까? 남편 A씨는 서울 서초구 잠원동 한강아파트(전용면적 76m²)를, 아내 B씨는 서울 종로구 홍파동 경희궁자이 2단지(전용 84m²)를 갖고 있다고 가정해보자. 두 아파트 공시가격은 23억 7,200만 원이다. A씨 부부의 2021년 전체 보유세는 1,366만 원으로, 2020년(905만 원)보다 50% 오른다. 양경섭 온세그룹 세무사가 2020년 기준 7·10대책에 따른 종합부동산세 세율 인상과 2021년 공시가격이 10% 상승할 것으로 가정해 모의 계산(시뮬레이션)한 결과다.

2021년 보유세 부담을 줄이려면 집을 정리해야 한다. 남편이 18년 전 4억 원에 구매한 한강아파트를 2021년 5월 전 16억 원에 팔면 양도소득세는 6억 4,600만 원에 이른다. 인별 합산인 보유세와 달리 양도소득세는 세대별로 합산하다 보니 1가구 2주택으로 양도소득세 중과 대상에 포함된다. 부부의 실질적인 수익은 5억 5,400만 원으로, 시세차익의 절반도 안 된다.

만일 A씨 부부가 이혼한다면 한강아파트 매각에 따른 양도소득세는 3,115만 원으로 확 줄어든다. 12억 원 상당의 시세차익을 대부분 손에 쥘 수 있다. 1가구 1주택 비과세 혜택을 받기 때문이다.

하지만 당장의 절세를 위한 편법은 자칫하면 더 큰 부담으로 돌아올 수도 있다. 방효석 법무법인 우일 변호사는 "주택 관련 세금 부담이 커지면서 이혼 상담이 늘었다"며 "절세를 위한 위장 이혼을 했다가는 기존 세금에 가산세까지 붙을 수 있으니 주의해야 한다"고 말했다.

집 문제로 혼인신고를 미루는 신혼부부도 등장

부부뿐만이 아니다. 보유세와 양도세가 동시에 강화되면서 부모와 자녀가 함께 사는 게 쉽지 않다. 각자 주택을 소유한 부모와 형제가 한집에 살았다간 세대 기준 3주택이 될 가능성이 있어서다.

양 세무사는 "절세 측면에서는 자녀가 결혼했거나 만 30세 이상일 경우 따로 사는 게 유리할 수 있다"고 말했다. 단, 예외 조항은 있다. 60세 이상 아픈 부모를 모시기 위해 2주택이 된 경우에는 10년간 1가구 2주택으로 분류하지 않는다. 양도소득세도 10년 안에 먼저 파는 집은 비과세 혜택을 받을 수 있다.

주택 문제로 혼인신고를 미루는 신혼부부도 나타나고 있다. 신혼부부 특별공급의 기본 조건은 혼인신고일 기준 7년 이내 무주택 구성원이다. 수도권 인기 지역은 워낙 경쟁률이 높기 때문에 자녀가 있어야 당첨 확률이 높아진다. 자녀 계획이 있는 부부라면 아이가 생긴 후로 혼인신고를 미루는 게 유리하다. 부양가족을 늘려 청약 당첨 가점을 쌓는 동시에 신혼부부 특별공급 신청 기한인 7년을 벌 수 있기 때문이다.

각자 집 한 채씩을 가진 '부자 신혼부부'도 혼인신고를 서두르지 않는다고 한다. 세법상 혼인신고로 2주택자가 된 신혼부부는 5년 내에 한 채를 팔면 양도소득세를 면제해준다. 일부 신혼부부는 집값이 더 오를 것으로 보고 5년 뒤 매각하기 위해 혼인신고를 미룬다고 세무사들은 전한다.

염기자의 정리박스 +

세금 부담이 커지면서 세무 상담하러 왔다가 "갈라서자"며 싸움을 하는 부부도 종종 있다고 한다. 절세를 위한 위장 이혼을 했다가는 기존 세금에 가산세까지 붙을 수 있으니 주의해야 한다. 다만 절세 측면에서 자녀가 결혼했거나 만 30세 이상일 경우 한집에 사는 것보다 따로 사는 게 세금 측면에서는 유리할 순 있다.

신혼부부 특공과 생애 최초 특공 중 무주택 신혼부부에게 유리한 것은?

●

당첨되면 수억 원을 번다는 기대감에 '청약 열풍'이 분다.
청약가점이 낮은 젊은층은 특별공급을 눈여겨볼 필요가 있다.
그렇다면 신혼부부 특공과 생애 최초 특공 중에서 뭐가 나을까?

"로또 하듯이 청약을 해요." 서울 용산에 전셋집을 살고 있는 직장인 김모(39)씨의 얘기다. 그는 "혹시나 하는 마음으로 여러 차례 청약에 나섰지만 당첨된 적은 없다"며 "딱 한 번 예비당첨에 성공했지만 내 차례까지는 오지 않았다"고 했다.

3인 가구인 김씨의 청약 점수는 59점이다. 나름 높다고 생각했지만 현실의 청약 문턱은 높았다. 그는 "요즘 청약 점수를 높이기 위해 부모님과 함께 살지를 고민중"이라며 "당첨만 되면 시세보다 싸게 집을 구할 수 있으니 (청약을) 포기하는 게 힘들다"고 토로했다.

신혼·생애 최초 특공,
소득기준 완화

바야흐로 청약열풍이다. 한국감정원과 부동산 전문 리서치업체 리얼투데이에 따르면 2020년(11월 5일 기준) 서울 1순위 아파트 청약 평균 경쟁률은 71대 1이다. 2019년(31.6대 1)의 2.2배로 올랐다. 청약자가 몰리자 당첨자의 평균 청약가점도 61점(2020년 6월)을 넘어섰다. 청약가점은 무주택 기간과 부양가족 수, 청약통장 가입 기간 등을 합해 총 84점 만점이다.

청약시장이 뜨거워진 데는 당첨만 되면 수억 원의 시세차익을 거둘 수 있다는 '로또청약'에 대한 기대감이 있기 때문이다. 정부가 2019년 하반기부터 예고한 민간택지 분양가 상한제의 시행 방침도 청약 경쟁률을 끌어올리는 데 한몫했다. 새 아파트 공급 시장이 위축되자 청약 기회가 줄어들 것으로 예상한 수요가 청약 시장으로 몰렸기 때문이다.

청약 점수가 낮은 신혼부부를 포함한 30·40세대는 특별공급(특공)을 눈여겨볼 필요가 있다. 2021년부터 신혼부부와 생애 최초 특공의 일반공급 소득기준이 완화됐기 때문이다. 또한 1인 가구를 비롯해 무자녀 신혼부부, 소득이 높은 맞벌이 부부에게도 특별공급을 통해 내집 마련을 할 수 있는 기회가 열렸다.

소득이 낮고 자녀가 많으면
신혼부부 특공이 유리

결론부터 얘기하면, 신혼부부 특공은 소득이 낮고, 자녀가 많을 수록 당첨 확률이 높다. 우선 신혼부부 특공에서 신혼의 기준은 혼인신고 기준으로 결혼한 지 7년 안의 부부다. 이때 일반공급의 소득기준을 2021년부터 분양가에 상관없이 소득 140%(맞벌이 160%)로 올렸다.

3인 이하 가구의 도시근로자 월평균 세전 소득기준(2019년)으로 보면 140%가 월 778만 원, 160%가 889만 원이다. 연봉으로 환산하면 140%는 9,336만 원, 160%는 1억 688만 원이다. 맞벌이 부부라면 연봉이 1억 원을 넘어도 신청할 수 있다는 얘기다.

공공분양의 일반공급 소득기준은 기존 100%(맞벌이 120%)에서 2021년부터 130%(맞벌이 140%)로 문턱을 낮췄다. 다만 우선 공급은 민간과 공공분양 모두 소득기준(100%, 맞벌이 120%)에 변화가 없다.

다만 당첨자를 가리는 방식은 여전히 까다롭다. 순위경쟁을 할 때 자녀 수가 많을수록 당첨 확률은 높아진다. 공공분양은 가구소득과 미성년 자녀수는 물론 해당지역 거주기간, 혼인기간, 입주자 저축 납입 회수 등에 점수를 매긴다.

이와 달리 생애 최초 특별공급은 신혼부부가 아니더라도 무주택 세대주라면 참여할 수 있다. 세대원 중 한 명이라도 분양권 포

특공	구분	소득기준	선별방식
신혼부부	우선(50%)	120% 이하	자녀순
	일반(20%)	160% 이하	
	추첨 신설(30%)	소득과 자녀수 미반영	추첨제
생애 최초	우선(50%)	130% 이하	자녀순
	일반(20%)	160% 이하	
	추첨 신설(30%)	소득 미반영, 1인 가구 가능	추첨제

※ 신혼부부 소득기준은 맞벌이 기준
자료: 국토교통부

함 주택을 샀거나 상속·증여로 주택을 보유했다면 생애 최초 특공 대상에서 제외한다. 민영주택의 생애 최초 특공 소득기준도 완화했다. 무엇보다 생애 최초 특공은 신혼부부 특공과 달리 요건만 만족하면 추첨을 통해 뽑는다.

자녀 없는 맞벌이 부부는
'추첨'으로 뽑는 생애 최초 특공이 유리

2021년 11월부터는 소득이 높은 신혼부부나 1인 가구도 민영주택에 한해서 신혼부부·생애 최초 특공에 도전할 수 있다. 정부가 민영주택의 신혼부부·생애 최초 특별공급 물량 가운데 30%를 추첨제로 뽑기로 했기 때문이다.

신혼 특공의 경우 소득 조건 없이 혼인기간과 무주택 요건만 충족하면 누구나 지원할 수 있다. 생애 최초 역시 30%에 대해서는 소득기준을 없앴다. 또한 해당물량 중 전용면적 60m² 이하의 주택은 1인 가구도 신청할 수 있다. 단, 부동산 보유자산 가액(전세금 제외)이 공시가격 기준 3억 3,000만 원을 넘지 않도록 했다.

염기자의 정리박스 +

소득이 낮고 자녀가 많으면 신혼부부 특공이 유리하다. 일반공급은 소득 요건도 완화됐다. 맞벌이 부부라면 연봉이 1억 원을 넘어도 신청할 수 있다. 이와 달리 자녀가 없는 맞벌이 부부라면 추첨으로 뽑는 생애 최초 특공이 나을 수 있다. 최근 소득이 높은 맞벌이 부부나 1인가구도 특별공급에 도전할 수 있게 됐다. 2021년 11월부터 민영주택의 신혼부부·생애 최초 특별공급 물량 가운데 30%는 추첨제로 뽑기 때문이다.

부부 공동명의인 아파트 한 채 은퇴자, 단독명의로 바꿔야 할까?

●

부부 공동명의로 고가의 서울 아파트 한 채를 보유한
60대 은퇴자는 요즘 들어 세 부담 때문에 고민이 많다.
부부 공동명의 1주택자는 고령자·장기보유 공제를 받을 순 없는 걸까?

아내와 공동명의(지분 50%씩)로 서울에 아파트 한 채를 보유한
은퇴자 최모(65)씨. 올해 공시가격이 크게 오르며 종합부동산세
(종부세) 부담이 커진 상황에서 최근 종합부동산세(이하 종부세) 과
세방식을 단독명의로 바꿀 수 있다는 뉴스를 접한 뒤 머리가 복
잡해졌다.

　고민되는 사안은 한둘이 아니다. 우선 세 부담을 낮추려면 단
독명의로 변경하는 게 유리한지 판단이 서질 않는다. 또한 단독
명의로 신청하려면 등기상 명의를 바꾸는지, 과세방식은 매년 선
택할 수 있는지도 헷갈린다.

매년 9월,
단독명의로 바꿀 수 있어

우선 공동명의 1주택자는 2020년 말 바뀐 종부세법에 따라 과세방식을 2021년 9월부터 단독명의로 변경할 수 있다. 이때 종부세 신고·납부 방식만 바꾸는 거라 등기상 명의는 전환하지 않아도 된다. 공동명의 1주택자는 매년 세 부담이 낮은 과세방식을 선택해 종부세를 납부할 수 있다는 얘기다.

그렇다면 종부세 과세방식을 단독명의로 바꾸는 게 유리할까? 결론부터 얘기하면, 공시가격 12억 원(시가 약 15억~16억 원) 아파트 한 채를 지분 50%씩 공동명의로 보유한 부부는 머리를 싸매지 않아도 된다. 이들은 종부세 대상에서 제외되기 때문이다. 부부 공동명의일 경우 종부세를 계산할 때 각각 6억 원씩, 총 12억 원을 공제하는 혜택이 있기 때문이다.

하지만 공시가격이 12억 원을 넘어서면 셈법이 복잡해진다. 상당수 세무사는 "공동명의와 단독명의에 따른 종부세 납부세액을 꼼꼼하게 따져본 뒤 과세방식을 결정해야 한다"고 입을 모은다. 일부 1주택자는 부부 공동명의로 12억 원을 기본공제를 받는 것보다 고령자·장기보유 세액공제(단독명의 과세방식)를 받는 게 유리하기 때문이다.

공시가격 12억을 넘으면
고령자·장기보유 따져봐야

더욱이 개정 종부세법에 따라 올해 1세대 1주택자의 종부세 과세기준은 기존 9억 원에서 11억 원으로 완화됐다. 여기에 공동명의자에게 적용되지 않는 고령자·장기보유세액공제를 챙길 수 있다. 만 60세 이상 고령자에게 적용되는 공제율은 연령에 따라 20~40%, 5년 이상 장기보유 공제율은 보유기간에 따라 20~50%다. 2가지 공제를 모두 받으면 공제한도는 최대 80%에 이른다.

예컨대 A씨가 서울 도곡동에 도곡렉슬(전용 59m²) 한 채를 15년간 보유했다고 가정하자. A씨와 아내가 지분을 반반씩 소유한 아파트의 올해 공시가격은 15억 4,600만 원이다. 공시가격의 시세 반영률이 크게 오르면서 2021년 납부해야 할 종부세는 117만 6,600원이다. 2020년(23만 6,340원)과 비교하면 5배 가까이 올랐다.

만일 A씨 부부가 단독명의로 변경한 뒤 1주택자에게 적용되는 종부세 고령자·장기보유세액공제로 과세방식을 바꾼다면 2021년 종부세는 42만 5,450원으로 공동명의(117만 6,600원)보다 세금을 64% 줄일 수 있다. 65세 고령자(공제율 30%)로 15년간 장기보유(50%)한 만큼 총 80% 세액공제를 받을 수 있기 때문이다. 양경섭 세무사(온세그룹)가 2021년 공시가격 기준으로 시

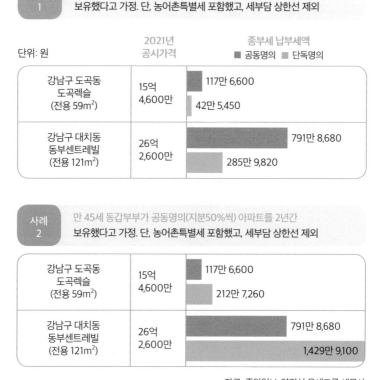

| 1주택 부부 공동명의와 단독명의의 종합부동산세 시뮬레이션 |

사례 1
만 65세 동갑부부가 공동명의(지분 50%씩) 아파트를 15년간 보유했다고 가정. 단, 농어촌특별세 포함했고, 세부담 상한선 제외

단위: 원

	2021년 공시가격	종부세 납부세액 (■ 공동명의 ■ 단독명의)
강남구 도곡동 도곡렉슬 (전용 59m²)	15억 4,600만	117만 6,600 / 42만 5,450
강남구 대치동 동부센트레빌 (전용 121m²)	26억 2,600만	791만 8,680 / 285만 9,820

사례 2
만 45세 동갑부부가 공동명의(지분50%씩) 아파트를 2년간 보유했다고 가정. 단, 농어촌특별세 포함했고, 세부담 상한선 제외

강남구 도곡동 도곡렉슬 (전용 59m²)	15억 4,600만	117만 6,600 / 212만 7,260
강남구 대치동 동부센트레빌 (전용 121m²)	26억 2,600만	791만 8,680 / 1,429만 9,100

자료: 중앙일보, 양경섭 온세그룹 세무사

뮬레이션(모의계산)한 결과다.

공시가격이 높아질수록 종부세 세액공제 효과는 커진다. 공시가격이 26억 원이 넘는 강남구 대치동 동부센트레빌(전용 121m²)을 공동명의로 보유한 B씨 부부가 단독명의를 선택하면 285만 원 정도를 종부세로 납부하면 된다. 공동명의(791만 8,680원)보다 종부세를 500만 원 이상 아낄 수 있다.

양경섭 세무사는 "개인 상황별로 차이가 있지만, 나이가 많고, 주택 보유기간이 길어질수록 단독명의가 유리할 확률이 높다" 고 말했다. 우병탁 신한은행 부동산투자자문센터 팀장 역시 "주택 구입 초반에는 (공동명의로) 12억 원 기본 공제를 받다가 나이가 들고, 보유기간이 길어지면 단독명의 과세방식을 선택하면 된다"며 "기본적으로 매년 (종부세) 과세방식을 선택할 수 있는 공동명의가 절세효과가 클 수 있다"고 조언했다.

염기자의 정리박스

1주택자 부부는 매년 9월 공동명의와 단독명의 중 유리한 방식을 선택해 과세할 수 있다. 현행처럼 부부가 각자 6억 원씩 12억 원 기본공제(부부 공동명의 과세방식)를 받거나 1세대 1주택자처럼 기본공제를 12억 원으로 낮추는 대신 고령자·장기보유세액공제를 받는 방법 중하나를 택할 수 있다. 개인 상황별로 차이는 있지만 1주택자의 나이가 많고, 주택 보유기간이 길수록 단독명의가 유리할 확률이 크다. 세무 전문가들은 "공동명의로 12억 원 기본공제를 받다가 공제 혜택이 커질 때 단독명의로 갈아타는 것도 방법"이라고 조언한다.

'빚'으로 고통받는 사람이 많다. 하지만 채무자가 아무리 빚이 많더라도 모든 재산을 압류할 수 없다는 것을 아는 사람은 많지 않다. 정부의 도움도 받을 수 있다. 법원을 통해 개인파산을 하거나 일부 채무를 조정받는 개인회생 제도 등을 신청할 수 있다. 불법채권 추심에 시달리는 사람을 위한 채무자 대리인 제도도 있다. 금리 상승기를 대비한 '빚 다이어트'도 챙겨보자. 승진 등으로 금리 인하를 요구하거나 신용관리로 이자 부담을 낮출 수 있다.

4장

'빚'의 굴레에서 벗어나
'빛' 보는 법

내가 상속포기를 하면,
내 자식이 그 빚을 물려받는다

●

1차 상속인인 자녀가 상속포기를 한다고 해서 끝이 아니다.
손자녀를 거쳐 조부모, 피상속인의 형제자매로 빚이 이어진다.
대물림되는 빚 상속을 멈출 방법은 없을까?

주부 이모(42)씨는 보름 전 친정아버지가 갑자기 돌아가신 뒤로
밤잠을 설친다. 장례를 치르고 난 뒤 아버지 재산을 정리하자 각
종 채무가 쏟아져 나왔다. 경기가 나빠지며 사업이 어려운 줄만
알았지, 수억 원의 빚을 지고 있다는 것을 알지 못했다.

그는 여동생과 상의해 상속을 포기하기로 했다. 하지만 자신
의 딸에게 빚이 넘어갈 수 있다는 지인의 조언에 겁이 덜컥 났다.
이씨는 "상속포기를 하면 그 빚이 자녀에게 상속될지는 몰랐다"
며 "이 모든 사실을 남편에게 어떻게 얘기해야 할지 고민"이라며
한숨을 쉬었다.

'한정승인'을 받고,
나머지는 '상속포기'

이씨처럼 부모의 빚이 물려받을 재산보다 많다면 '상속포기'를 선택할 수 있다. 이는 상속인의 지위를 포기하는 것으로, 재산은 물론이고 채무까지 물려받지 않을 수 있다.

하지만 이씨의 사례처럼 자매가 모두 상속포기를 하면 이씨 자녀에게 수억 원의 빚이 상속된다. 빚도 대물림되기 때문이다. 1순위 상속인(직계비속인 자녀, 손자녀)이 상속포기를 하면 2순위(직계존속인 부모, 조부모), 3순위(피상속인의 형제자매), 4순위(4촌 이내 친족)에 차례대로 넘어간다.

상당수가 부모의 상속만 포기하면 끝난 줄 안다. 그러다 손자녀에게 빚이 넘어갈 수 있다는 얘기에 서둘러 변호사를 찾아간다. 변호사들이 꼽은 가장 원만한 해결책은 가족끼리 상의해 피상속인 자녀 중 한 명이 한정승인을 받고, 나머지 형제는 상속을

| 상속포기 시 상속순위 |

순위	대상
1순위	직계비속인 자녀, 손자녀
2순위	직계존속인 부모, 조부모
3순위	피상속인의 형제·자매
4순위	4촌 이내 친족

포기하는 것이다.

한정승인은 물려받은 재산의 한도 안에서만 부모의 빚을 청산하겠다는 의미다. 상속재산이 부족하더라도 상속인이 자기 재산으로 변제할 의무는 없다. 상속 1순위에서도 선순위인 자녀가 한정승인을 하면, 더는 뒷순위로 빚이 이어지지 않고 상속이 종료된다.

만약 이씨의 어머니가 한정승인을 한 뒤 자매들이 상속을 포기하면 어떻게 될까? 이때도 빚은 자녀에게 고스란히 넘어온다. 피상속인의 배우자인 어머니는 법적으로 1순위와 2순위 상속인과 공동 상속인으로 보기 때문이다. 예컨대 이씨의 사례처럼 자매가 모두 상속포기를 하면 어머니는 손자와 공동상속인이 되고, 어머니가 한정승인을 받더라도 손자에게 채무가 넘어가는 것을 막을 수는 없기 때문이다.

배우자 한정승인은 효과가 없으므로 주의

상속포기와 한정승인을 할 때는 조심할 부분이 많다. 우선 상속포기는 상속인이 상속의 개시가 있음을 안 날(본인이 상속인이 된 것을 안 날)로부터 3개월 이내에 관할 법원에 접수해야 한다.

간혹 상속포기 각서를 작성한 뒤 공증만 받아두는 사람이 있

다. 하지만 법원에 신고하지 않으면 각서만으로는 상속포기 효력이 없기 때문에 유의해야 한다

한정승인은 절차도 까다롭다. 상속인은 한정승인을 받은 사실을 채권자에게 알리기 위해 신문공고를 내야 한다. 이후 채권자에게 채권액(빚) 비율에 맞게 채무를 갚아야 한다. 이때 피상속인의 재산이 될 수 있는 재산을 처분하거나 누락하면 한정승인 효과가 사라질 수 있다.

한정승인한 상속인은
'신문공고'를 꼭 내야

이때 흔히 실수하는 부분이 있다. 돌아가신 부모의 재산을 정리하면서 오래된 차량을 폐차하는 경우다. 가정법원에서 한정승인 결정문을 받았다고 해도 채권자가 법원에 이의를 제기하면 한정승인이 취소될 수 있으므로 조심해야 한다.

만일 재산이 많은 줄 알고 상속받았는데 뒤늦게 빚이 더 많다는 걸 알게 됐다면 특별한정승인 제도를 이용할 수 있다. 법원에 빚이 더 많은지 모르고 단순승인을 했으나 지금이라도 한정승인 하겠다고 하는 것이다. 단, 빚이 재산보다 많다는 걸 알게 된 날로부터 3개월 안에 신청해야 한다.

알아두면 유용한 정보가 하나 더 있다. 상속인이 피상속인의

재산이나 빚을 확인하는 방법이다. 이럴 때 일일이 은행이나 보험회사를 찾아다니지 않고도 금융재산을 한번에 확인할 수 있는 방법이 있다. 금융감독원의 '상속인 금융거래 조회 서비스'를 통해 금융권의 예금과 대출, 증권계좌, 보험계약, 신용카드, 연금가입 정보를 한번에 확인할 수 있다.

염기자의 정리박스 +

빚 폭탄을 원만하게 해결하는 방법이 있다. 가족끼리 상의해 피상속인 자녀 중 한 명이 한정승인을 받고, 나머지 형제는 상속포기를 하는 것이다. 물려받은 재산으로만 부모의 빚을 청산하겠다는 게 한정승인이다. 상속인은 한정승인을 받은 사실을 채권자에게 알리기 위해 신문공고를 내야 한다. 이후 채권자에게 채권액 비율에 맞게 채무를 갚는다. 이처럼 한정승인을 하면 더는 뒷순위로 빚이 이어지지 않는다.

"분유 살 돈도 인출 못 해요"
계좌 압류로 생계가 어렵다면?

●

채무자가 빚이 많더라도 모든 재산을 압류할 수는 없다.
채무자가 생계를 유지해야 하는 한 달 생계비는
'압류금지채권'으로 보호받을 수 있다.

"빚 때문에 통장이 압류돼 인출을 못해 당장 아이 분유 살 돈도
수중에 없어요."

홀로 아이를 키우는 싱글맘 김모(36, 서울 마포구)씨는 눈앞
이 캄캄하다. 5년 전 아버지의 사업 실패 이후 대부업체에서 빌
린 1,400만 원이 눈덩이처럼 불어나 무려 2,000만 원이 됐다.
2019년 임신한 뒤 편의점 아르바이트를 그만두면서 제때 이자
를 못 갚은 탓이다.

장기 연체자가 되자 법원에서 채권 압류 통지서가 날아왔다.
곧바로 전 재산 200만 원을 넣어둔 통장이 압류됐다. 김씨는 "빚

독촉 전화보다 분유 살 돈이 없다는 게 더 무섭다"며 "다음 달부터 기초생활수급비를 받기로 했는데 이마저 압류될까 걱정"이라고 말했다.

최저생계비 185만 원은 압류할 수 없어

채무자가 빚이 많더라도 재산을 모조리 압류할 수는 없다. 적어도 생계를 유지하도록 한 달 생계비는 '압류금지채권'으로 보호받을 수 있다.

현재 압류가 금지된 최저 생계비는 월 185만 원이다. 채권자는 채무자가 보유한 전체 은행 계좌의 잔액이 185만 원에 못 미친다면 압류할 수 없다는 얘기다.

박정만 서울금융복지상담센터장(변호사)은 "채권자들은 연체가 이어지면 채무자에게 한푼이라도 더 받기 위해 채무자의 예금계좌를 압류하는 경우가 많다"며 "이때 채무자가 압류금지채권에 대해 알아두면 기본 생계를 유지할 수 있는 최저 생계비 수준의 돈은 지킬 수 있다"고 말했다.

통장 압류는 법원에 압류금지채권 범위변경을 신청하면 풀수 있다. 압류가 금지된 범위의 금액에 한해서 압류를 풀어달라는 소송이다. 이때 생계형 예금임을 입증하는 서류를 제출해야

한다. 박 센터장은 "채무자들을 상담해보면 상당수가 압류금지채
권에 대해 아예 모르거나 신청하는 방법을 상당히 어려워한다"
며 "경제적으로 어려우면 대한법률구조공단에서 무료로 상담이
나 소송 관련 도움을 받을 수 있으니 적극적으로 알아봐야 한다"
고 조언했다.

압류금지채권에는 생계형 예금뿐 아니라 정부가 지원하는 기
초생활수급비, 아동수당 등도 포함된다. 법적으로 공무원연금이
나 국민연금도 압류할 수 없다.

임대차보증금도
일정 범위 내에서 압류 금지

보험은 어떨까? 일반적으로 채권자는 채무자의 보험금을 압류할
수 있지만 보장성 보험금 중 사고나 질병 치료에 쓰이는 비용은
제외된다. 대표적으로 실손의료보험이 해당되고, 사망보험금도
1,000만 원까지는 압류할 수 없다.

임대차보증금도 일정 범위 내에서 압류가 금지된다. 서울의
경우 압류할 수 없는 임대차보증금 액수는 3,700만 원이다. 다만
전체 임대차보증금이 1억 1,000만 원 이하인 임차인에 한해서
적용된다. 압류가 금지되는 임대차보증금 액수는 세종·용인·화성
시가 3,400만 원이고, 안산·파주·김포시는 2,000만 원 등이다.

소액임차인은 주택이 경매에 넘어가도 보증금 일부는 돌려받을 수 있는 '소액보증금 우선변제권'을 행사할 수 있다. 이처럼 우선변제권이 인정되는 임대차 보증금은 압류할 수 없는 재산으로 분류돼 있다. 예컨대 서울 거주자가 빚 때문에 임대차보증금 2,000만 원을 압류당해 이사를 할 수 없다면 범위변경 신청으로 압류를 풀 수 있다.

압류를 막기 위한 범위변경 신청에도 한계는 있다. 박 센터장은 "(범위변경 신청으로) 당장은 계좌 압류를 풀 수 있지만 다른 채권자가 다시 (계좌를) 압류하면 다시 범위변경 신청을 해야 한다"며 "두세 번 신청할 수는 있지만, 소송기간이나 비용이 부담될 수 있다"고 말한다.

그렇다면 이런 부담을 피할 수 있는 방법은 없을까? 싱글맘인 김씨처럼 기초생활보장 수급자라면 원천적으로 압류를 막을 수 있는 압류방지 통장(행복 지킴이 통장)을 만드는 게 현명한 방법이다.

기초생활수급비 등 지원금이 일반 통장의 다른 돈과 섞여 압류된 탓에 경제적 어려움을 겪는 다중채무자가 늘자 정부가 2011년에 도입했다. 기초생활수급비는 물론 기초노령연금, 장애수당, 한부모가족 복지급여, 아동수당 등도 행복 지킴이 통장으로 받을 수 있다.

통장을 만드는 방법은 어렵지 않다. 은행에 복지급여수급 증명서를 제출하면 통장을 개설할 수 있다. 이후 관할 시군구청에 통장 사본과 함께 신청서를 내면 행복 지킴이 통장으로 복지 급여가 들어와 압류를 막을 수 있다. 단, 수급자가 출금만 할 수 있을 뿐 돈을 입금할 수는 없다.

염기자의 정리박스 +

현재 압류가 금지된 최저 생계비는 월 185만 원이다. 채권자는 채무자가 보유한 전체 은행 계좌의 잔액이 185만 원에 못 미친다면 통장을 압류할 수 없다. 압류했더라도 채무자는 법원에 '압류금지채권 범위 변경'을 신청해서 풀 수 있다. 임대차 보증금도 일부 압류가 금지된다. 서울의 경우 전체 임대차 보증금이 1억 1,000만 원 이하인 임차인에 한해 3,700만 원까지는 압류할 수 없다.

4,300만 원 빚 때문에 극단 선택,
돌려막다간 '빚의 늪'

'빚의 늪'에 빠져 고통받는 채무자를 돕는 정부 제도가 있다.
법원을 통해 개인파산을 하거나 일부 채무를 조정받는 개인회생이다.
금융사 대출금 연체 시에는 신용회복위원회의 도움도 받을 수 있다.

"빚이 순식간에 불어나자 막막하고 두려웠다." 홀로 자녀를 키우며 옷 가게를 운영하던 50대 이미영(가명)씨는 2018년 경기도 인근 차량에서 극단적 선택을 했다. 다행히 딸의 신고로 경찰이 출동해 목숨을 건졌다. 그를 삶의 끝자락까지 몰아세운 건 단 4,300만 원의 빚이었다.

처음엔 은행에서 가게 운영자금으로 2,000만 원을 대출받았다. 월세가 밀리고 외상대금이 쌓이며 상황은 심각해졌다. 이씨는 고금리를 받는 카드론과 대부업체 3곳에도 손을 내밀었다. 빚은 단숨에 2배로 불어났다. 원금은커녕 이자조차 제때 못 갚자 빚 독촉이 이어졌다. 이씨는 매일 반복되는 추심 압박에 우울증을 앓았고, 순간 좋지 않은 생각에 이르게 된 것이다.

파산, 회생 등
채무자를 돕는 정부 제도

'빚의 늪'에 빠져 고통받는 채무자를 돕는 정부 제도가 있다. 법원을 통해 채무를 탕감(개인파산)받거나 일부 조정(개인회생)받을 수 있다. 또한 신용회복위원회는 대부업체를 포함한 금융사 채무의 상환기간을 늘려주거나 이자를 면제하는 방식의 채무조정(워크아웃 등) 제도를 운용한다.

이씨는 서울시금융복지센터의 도움을 받아 전 재산을 처분해 빚을 면책받는 개인파산 절차를 밟았다. 소득이 최저생계비보다 적은 데다 빚이 재산보다 많아서다.

박정만 서울금융복지상담센터장(변호사)은 "최근 파산 신청에 필요한 서류가 14종 안팎으로 과거(40종)보다 크게 줄어 절차가 간소해졌다"고 말했다. 하지만 허위로 빚을 늘리거나 과도한 소비, 도박 등으로 커진 빚은 개인파산 신청을 하더라도 면책받을 수 없다고 덧붙였다.

월급 등 고정적인 소득이 있는 채무자는 파산 대신 개인회생을 택한다. 전체 채무액은 무담보는 5억 원, 담보물은 10억 원을

| 3년간 개인파산 · 회생신청 추이 |

단위: 건

기간	개인파산	개인회생
2018년	4만 3,402	9만 1,859
2019년	4만 5,642	9만 2,587
2020년	5만 79	8만 6,551

자료: 신용회복위원회

넘기지 않아야 한다. 채무자의 월수입에서 최저생계비를 제외하고 3년간 일정 금액(변제금)을 갚으면 나머지 빚을 면책받을 수 있다. 이때 변제금은 채무자의 아파트 등 전 재산을 처분해 갚는 것보다 소득으로 갚는 돈이 커야 한다. 청산가치 보장의 원칙이다.

불이익도 있다. 개인파산과 회생을 하면 5년간 신용거래에 제약이 있다. 이 기간 동안엔 신용정보회사에 파산 등의 개인 기록이 남아 신용카드를 사용하거나 은행에서 대출받는 게 어렵다. 또한 파산 신고는 일부 회사에서 퇴직사유로 규정하고 있다.

빚내서 빚 갚는 '돌려막기'를 멈춰야

채무조정 전문가들은 파산에 이르지 않으려면 빚내서 빚을 갚는 '돌려막기'를 멈춰야 한다고 입을 모은다. 김 상담관은 "상당수가 신용카드 대금이나 은행대출 원리금이 연체되면 대부업체나 저축은행 등을 돌며 돈을 빌려 메운다"며 "빚을 눈덩이처럼 키우는 나쁜 고리가 바로 돌려막기"라고 강조했다.

금융사 대출 원리금이 연체됐을 때는 신용회복위원회의 채무조정 제도를 이용하는 게 현명하다. 다만 은행 등 금융사와 협의를 통한 사적 조정제도로 금융권 채무만 지원한다.

연체 기간이 30일 이하면 대출금(원리금)을 최대 10년간 나눠서 갚을 수 있다. 밀린 이자도 감면해준다. 실업이나 가계 폐업으로 당분간 목돈 대출을 갚기 어려운 사람에게 도움이 된다. 또한 3개월 이상 연체했을 때는 채무조정(개인워크아웃)을 할 수 있다. 이때는 이자를 제외한 원금만 최대 10년 동안 분할 상환해서 갚으면 된다. 적어도 빚이 불어나는 것은 멈출 수 있다.

| '빚의 굴레'에 빠진 채무자들, 벗어날 방법은? |

지원제도	기관	내용
개인회생	법원	고정 소득이 있을 때 변제계획에 따라 3년간 일정 금액을 갚으면 채무면제
개인파산		소득·재산이 부족해 빚을 갚지 못하면 전재산을 청산해 채무 면제
연체전 채무조정	신용회복위원회	연체 30일 이하, 원금+감면 이자를 최대 10년간 분할 상환
이자율 채무조정		연체 30일 초과~90일 내, 약정이자율의 50%까지 이자율 인하
채무조정 (워크아웃)		연체 90일 초과, 원금(무담보)만 최대 10년간 분할 상환

자료: 신용회복위원회

채무자가 '빚'의 굴레에서 벗어나기 위해 첫 번째로 잡아야 할 동아줄은 '전문가의 상담'이다. 빚 규모 등을 정확하게 진단하고, 채무자 상황에 맞춰 채무를 조정하는 방법을 상세하게 알려주기 때문이다.

백주선 한국파산회생변호사회 회장은 "서울금융복지센터를 비롯해 신용회복위원회와 법률구조공단에서 무료로 전문가의 상담을 받을 수 있는 데다 취약 계층은 변호사 선임 등의 비용도 지원한다"며 "적극적으로 상담소 문을 두드려야 한다"고 당부했다. 박 센터장도 "파산자라는 낙인이 두렵다고 버텨서는 빚만 더 늘린다"며 "회생이나 워크아웃은 신용 회복을 위한 준비 과정일 수 있다"고 조언했다

염기자의 정리박스 +

개인파산은 소득이 낮고 빚이 재산보다 많을 때 선택한다. 이와 달리 월급 등 고정적인 소득이 있는 채무자는 개인회생이 낫다. 채무자의 월수입에서 최저생계비를 제외하고 3년간 일정 금액을 갚으면 나머지 빚을 면책받을 수 있다. 불이익도 있다. 개인파산과 회생을 하면 5년간 신용거래에 제약을 받는다. 금융사 대출 원리금이 연체됐을 때는 신용회복위원회의 채무조정제도를 이용하는 게 현명하다. 상환 기간을 연장해주는 등 빚이 불어나는 것을 막을 수 있다.

'통신요금 꼬박꼬박 납부', 신용관리로 대출 이자 낮추는 법

●

신용평가란 '돈을 빌려주면 잘 갚을 사람인지' 평가하는 것이다.
살면서 단 한번도 '빚'을 내본 적이 없는 사람보다
대출금을 연체 없이 잘 갚는 사람에게 가산점을 주는 이유다.

사회초년생 김모(28)씨는 은행에서 대출 상담을 받다가 깜짝 놀랐다. 그의 신용등급이 5등급 수준이라는 얘기를 들어서다.

그는 취업 전까지는 신용관리를 위해 신용카드를 만들지 않고 체크카드만 사용했다. 학자금을 비롯해 대출을 받은 적도 없다. 하지만 은행 창구 직원의 얘기는 달랐다. 소득 증빙 등 김씨의 신용도를 평가할 기록이 없으면 등급은 6·7등급으로 더 낮아질 수 있다고 했다.

이처럼 신용평가는 '돈을 빌려주면 잘 갚을 사람인지' 평가하는 게 핵심이다. 그렇다면 신용점수를 끌어올릴 방법은 없을까?

신용평가가 2021년에
'등급제'에서 '점수제'로 개편

우선 2021년 신용평가 시장에 큰 변화가 있다. 금융거래를 할 때 개인 신용을 평가하는 체계가 현재 '등급제'에서 '점수제'로 바뀐다. 현행 1~10등급의 신용평가 체계는 1~1,000점의 점수제로 개편된다.

그동안 금융회사는 신용정보회사(CB)의 신용등급을 활용해 개인신용 등급을 1~10등급으로 나눠 대출 심사를 했다. 그러다 보니 같은 수준의 신용도로 판단하기 어려운 300만~1,000만 명이 한 등급에 묶이는 문제점이 발생했다. 예컨대 신용점수가 664점인 사람은 현재 7등급(600~664점)에 해당한다. 단 1점 차이로 6등급이 되지 못해 제도권 금융회사의 이용이 어려웠다.

하지만 점수제로 바꾸면 지금보다 유리한 조건으로 금융거래를 할 수 있다. 금융연구원에 따르면 개인신용 평가가 점수제로 바뀌면 그동안 등급제 평가로 불이익을 받아온 금융소비자 약 240만 명이 연 1%p 정도의 금리 인하 효과를 누릴 수 있을 것으로 전망된다.

신용카드 발급과 서민금융상품 지원 대상, 중금리 대출 시 신용공여 한도 우대기준 등 법령상 신용등급 기준도 개인신용평점 기준으로 바뀐다.

통신요금 연체 안 하면
신용점수가 올라가

또한 금융소외계층은 비금융 정보로 신용도를 평가해 대출심사를 받을 수 있게 됐다. 비금융 정보란 통신요금을 비롯해 휴대폰 소액결제, 온라인 쇼핑거래 내역 등을 의미한다. 쉽게 말해 통신요금을 연체하지 않고 꼬박꼬박 납부했는지 등을 평가해 신용등급을 매기는 방식이다. 온라인 쇼핑 거래내역도 마찬가지다. 온라인 쇼핑몰에서 결제하고 대금을 납부하는 과정이 원활한 청년이나 주부는 신용등급이 오를 수 있다.

비금융 정보로 신용등급을 올리는 방법도 어렵지 않다. 신용평가사인 나이스신용평가의 '나이스지키미'나 코리아크레딧뷰로의 '올크레딧' 홈페이지를 통해 자료를 제출하면 가산점을 받을 수 있다.

신용점수를 높이는 방법도 살펴보자. '빚'을 한 번도 내본 적이 없는 사람과 대출받아 꼬박꼬박 잘 갚는 대출자 중 누가 신용점수가 높을까? 신용평가사는 대출금을 연체 없이 상환하는 사람에게 가산점을 더 준다. 그만큼 장기간 신용거래 이력을 잘 관리하는 게 중요하다.

지갑 속 신용카드도 잘 관리하면 신용점수가 올라간다. 여러 신용카드를 만들었다가 해지하는 것을 반복하기보다 1~2개 신용카드를 정한 뒤 장기간 사용하면 점수가 올라간다. 신용카드를 오래 사용했다는 것은, 매달 카드대금을 꾸준히 갚았다는 것을 손쉽게 증명할 수 있는 방법이다.

마통은 '한도' 그대로 평가에 반영

대출을 갚을 때도 신용점수를 높이는 방법이 있다. 우선 대출금리가 높은 것부터 갚는 게 유리하다. 신용평가사는 대출의 종류, 금리 수준, 상환 비중 등을 고려해 고위험 대출일수록 신용평가에서 부정적으로 평가하기 때문이다. 대부업 대출을 이용하면 신용점수가 떨어지는 이유도 같은 맥락이다. 마이너스 통장도 사용하지 않는다면 아예 없애는 게 신용점수를 높이는 데 도움이 된다. 마이너스 통장의 한도 금액만큼 빚을 진 것으로 평가하기 때문이다.

신용관리에서 가장 큰 걸림돌은 '연체'다. 특히 연체자로 등록되면 신용점수가 크게 떨어지는데다, 연체 정보가 금융권과 신용정보회사 시스템에 남는다. 현재 30만 원 이상을 30일 이상 갚지 못하면 단기 연체자로 분류된다. 과거 10만 원 이상, 5영업일 이상이었다가 완화된 것이다. 장기연체의 기준은 100만 원 이상을 3개월 이상 갚지 못한 경우다. 한번 연체자로 등록되면 돈을 다 갚더라도 단기 연체는 1년간, 장기 연체는 5년간 금융권에 공유돼 신용평가에 활용된다. 신용카드를 새로 만들거나, 신규 대출을 받을 때마다 연체자라는 '꼬리표'처럼 따라붙어 불이익을 받을 수 있다.

본인의 신용점수를 확인한 뒤 꾸준히 관리하는 습관이 필요하다. 더욱이 요즘에는 뱅크샐러드, 토스, 카카오페이 등 앱에 접속해 손쉽게 신용점수를 조회할 수 있다. 과거에는 조회 사실만으로 신용평가에 영향을 줬지만, 이제 단순 점수 조회는 여러 번 반복해도 점수에 영향을 끼치지 않는다.

염기자의 정리박스 +

2021년부터 신용평가가 등급제(1~10등급)에서 점수제(1~1,000점)로 바뀌었다. 지갑 속 신용카드를 잘 관리해도 신용점수는 올라간다. 1~2개 신용카드를 정한 뒤 장기간 사용하면 점수는 올라간다. 또 마이너스 통장을 사용하지 않는다면 없애는 게 낫다. 신용평가사는 한도 금액만큼 빚진 것으로 평가해서다. 가장 중요한 것은 연체관리다. 장기 연체자로 등록되면 신용점수가 떨어지는 것은 물론, 5년간 신용정보회사 시스템에 남는다. 신규 대출을 받거나 신용카드를 발급받을 때 불이익을 받을 수 있다.

기준금리가 오른다고 해서
주택담보대출을 갈아타야 할까?

●

주택담보대출 '갈아타기'로 이자를 절약하려는 사람들이 많다.
이때 '싼 금리'만큼 중요한 변수가 있다.
그것은 바로 중도상환수수료와 대출가능 한도다.

임모(31)씨는 2020년 초 KB국민은행에서 20년 만기 혼합형 주택담보대출(5년 고정금리 이후 변동금리)로 4억 원을 빌렸다. 신혼집으로 산 아파트 자금 마련을 위해서다. 당시 2.48%였던 대출금리는 2020년 5월 2.12%로 0.36%p 하락했다. 기준금리까지 인하되자 임씨는 더 낮은 금리로 갈아타기를 고민중이다.

그가 더 싼 2.12% 혼합형 주택담보대출(이하 주담대)로 갈아탔다고 가정해보자. 원금과 이자를 합쳐 갚아야 할 대출금은 매달 204만 원으로, 이전보다 7만 원을 아낄 수 있다. 이처럼 금리가 변동하면 무조건 더 싼 이자로 갈아타는 게 정답일까?

주담대 갈아타기,
'중도상환수수료'를 따져야

기준 금리가 오르고, 내릴 때마다 수억 원 대출을 끼고 아파트를 구입한 영끌 대출자는 계산기를 두드린다. 금리 인하기에는 가입 5년간 금리가 고정되는 혼합형 상품보다 6개월마다 금리가 바뀌는 변동금리형 상품이 낫다. 금리 상승기에는 반대다. 금리가 더 오르기 전에 금리를 묶어둘 수 있는 고정금리형(혼합형) 상품이 유리하다.

주담대 갈아타기를 할 때 '싼 금리'만큼 중요한 변수가 있다. 바로 중도상환수수료다. 주담대를 받아본 사람이라면 은행 직원에게 설명을 들었을 법하다. 기존 계약을 3년 이내에 해지하려면 대출금의 1~1.5%를 수수료로 물어야 한다. 수수료율은 남은 대출 기간에 따라 차등 적용된다.

대출받은 지 5개월 된 임씨의 중도상환수수료는 무려 497만 원에 이른다. 그야말로 배(이자 절약분)보다 배꼽(중도상환수수료)이 크다.

다만 대출기간이 3년이 지났다면 수수료를 물지 않는다. 김인웅 우리은행 영업본부장은 "주담대 상품에 가입한 지 3년 가까이 됐고, 대출 만기가 3년 이상 장기간 남았을 때 갈아타기를 시도하는 게 유리하다"고 했다.

2017년 7월 전 가입자는
'갈아타기'에 신중해야

서울권 대출자는 기존 대출상품의 가입시기도 꼼꼼하게 따져야 한다. 특히 2017년 7월 3일 이전에 가입한 상품이라면 갈아탈 때 신중해야 한다.

당시 은행에서 집을 담보로 돈을 빌려줄 때 대출가능한도(주택담보인정비율·LTV)가 70%로, 지금(40%, 서민·실수요자 제외)보다 30%p 높았다. 서울 9억 원 상당의 아파트라면 갈아타기로 대출한도가 6억 3,000만 원에서 3억 6,000만 원으로 쪼그라들 수 있다는 얘기다. 요즘처럼 규제 강화로 대출이 꽉 막힌 상황에서는 싼 이자보다 중요한 게 대출한도일 수 있다.

회사에서 승진했다면
'금리인하' 요구해야

금리인하요구권으로 대출금리를 낮추는 방법도 있다. 의외로 주변에 모르는 사람이 많다. 말 그대로 은행에서 대출을 받은 뒤 신용상태가 좋아졌을 때 대출금리를 깎아달라고 요구할 수 있는 권리다. 2002년 처음 금융권에 도입됐는데, 2019년 6월에서야 법제화됐다. 2020년 8월부터는 은행이 고객에게 금리인하요구권을 알리지 않으면 2,000만 원 이하의 과태료를 물 수 있다.

신용상태가 좋아졌다는 의미는 뭘까? 기본적으로 직장에서 승진했거나 월급을 더 받는 직장으로 이직했을 때다. 자영업자나 사업가라면 기존에 돈을 빌렸을 때보다 사업 매출이 크게 늘어나 재무상태가 개선됐을 경우다. 한마디로 과거보다 빚을 갚을 능력이 나아졌으니 이자를 깎아달라고 당당하게 요구할 수 있다는 얘기다. 다만 금리인하요구권을 신청한다고 해서 금리인하 혜택을 누릴 수 있는 게 아니다. 금융사의 심사를 통과해야 한다.

신청 방법은 2가지다. 신용상태가 개선됐다는 것을 증명할 수 있는 입증 서류를 챙겨 직접 은행 영업점을 찾는 것이다. 승진으로 소득이 늘었다면 근로소득원천징수영수증이 필요하고, 자영업자는 이익이 급증한 게 나타난 매출 서류 등이 필요하다.

염기자의 정리박스 +

주택담보대출을 갈아타기할 때는 중도상환수수료를 따져야 한다. 기존 계약을 3년 이내에 해지하려면 대출금의 1~1.5%를 수수료로 물어야 해서다. 자칫 배(이자 절약분)보다 배꼽(수수료)이 더 클 수 있다. 특히 서울권 대출자는 가입 시기도 따져봐야 한다. 2017년 7월 3일 이전에 가입한 상품은 대출가능한도(LTV)가 70%로 현재(40%)보다 높기 때문이다. 또한 직장 승진 등으로 신용상태가 좋아졌을 때는 대출금리를 깎아달라(금리인하요구권)고 요구할 수 있다.

연체 막으려고 가입했다가 빚 폭탄,
리볼빙이 더 무섭다

카드값을 일부만 결제하고 나머지는 다음달로 미룰 수 있는 리볼빙.
하지만 리볼빙은 수수료가 최대 23.9%일 정도로 높고,
밀린 원금이 쌓이면 카드 빚이 눈덩이처럼 불어날 수 있다.

사회초년생 A씨는 2020년 초 신용카드사를 통해 리볼빙 서비스를 권유받았다. 카드값을 연체하는 것보다 낫겠다는 생각에 가입했다. 결제비율은 70%로 정했다. 급할 때 카드값의 70%만 갚고 나머지는 다음 달로 미루기 위해서다.

A씨는 필요할 때만 리볼빙을 이용하면 되는 줄 알았으나 신청한 달부터 카드값은 70%만 결제됐다. 카드값이 예상보다 적게 나온다는 사실에 카드 명세서를 자세히 보게 된 것은 그로부터 6개월이 지났을 때다. 이미 밀린 결제대금과 17% 리볼빙 수수료로 200만 원 빚이 A씨도 모르게 쌓여 있었다.

리볼빙 수수료는
최대 23.9%

신용카드 사용자라면 한두 번 리볼빙 가입을 권유하는 전화나 카드사 광고를 접해봤을 것이다. 리볼빙 가입자는 카드값 연체를 대비해 혹시나 하고 가입한 경우가 대부분이다. 하지만 리볼빙은 수수료가 높은데다 밀린 원금(카드빚)이 과도하게 쌓이면 신용점수에 부정적인 영향을 줄 수 있다는 점을 아는 사람은 많지 않다.

신용카드 리볼빙은 신용카드 이용대금 중 일부만 결제하면 나머지는 다음달로 미뤄지는 일부 결제금액 이월약정 제도다. 결제 비율은 회원이 최소 10~100% 비율로 정할 수 있다.

가령 B씨가 이달 500만 원의 카드값이 예상돼 10% 리볼빙을 신청했다면 이번 달은 50만 원만 결제할 수 있다. 당장 카드값 연체 위기는 벗어날 수 있으나, 리볼빙을 해지하지 않는 한 매달 미룬 이용대금(원금)이 차곡차곡 쌓여 빚만 더 키울 수도 있다.

빚뿐이 아니다. 이월된 금액에는 리볼빙 수수료가 붙는다. 여신금융협회에 따르면 신용카드사들의 결제성 리볼빙 수수료는 최저 5%에서 최대 23.9%다. 신용점수가 낮으면 법정최고금리(연 24%, 2021년 7월 이후 20%)까지 적용된다는 얘기다. 업계 1위인 신한카드의 경우 리볼빙 이용자 중 약 44%는 연 16~20% 수수료(2021년 2월 28일 결제성 기준)를 적용받고 있다. 연 10% 미만 수수료로 리볼빙을 이용하는 사람은 3.6%에 불과했다.

또한 리볼빙을 장기간 이용하면 신용점수에도 영향을 줄 수 있다. 리볼빙 서비스에 가입한다고 해서 신용점수가 깎이는 것은 아니다. 다만 갚아야 할 신용대금 원금이 커지면 신용점수에도 영향을 미친다. 신용평가기관에서는 주로 빚 갚을 능력(신용도)을 따지는데, 리볼빙에 따른 채무가 과도하게 쌓이면 앞으로 연체 가능성이 있다고 평가할 수 있어서다.

저신용자일수록 리볼빙 이용이 많아

문제는 2020년 코로나19 여파로 리볼빙 이용금액이 눈에 띄게 늘고 있다는 점이다. 2020년 상반기 국내 카드사 리볼빙 이월 전체 잔액은 5조 5,150억 원(전재수 더불어민주당 의원 자료)으로, 2017년 대비 13%(6,360억 원) 늘었다. 전체 이월 잔액의 65%(3조 5,571억 원)는 만 30세~만 50세 미만 사용자다.

상대적으로 경제 능력이 취약한 20대 이용자의 리볼빙 이용 금액도 크게 늘었다. 20대의 이월 잔액은 2017년 2,808억 원에서 2020년 상반기엔 52% 늘어난 4,268억 원에 이른다.

신용등급별로 리볼빙 금액을 살펴보면 중·저신용자들이 가장 많았다. 결제성 리볼빙 기준 5등급이 1조 1,004억 원으로 대출 잔액 비중이 가장 많았다. 이어 4등급(9,482억 원), 6등급(9,032억 원) 순으로 나타났다.

사실 리볼빙은 이용 방식만 다를 뿐 고금리 신용대출과 비슷하다. 간혹 리볼빙 결제 비율을 100% 조건으로 가입하면 "문제없다"고 말하는 사람도 있다. 이용대금의 100%를 결제하기 때문에 수수료도 붙지 않고, 만약(연체)을 대비할 안전장치로 갖고 있겠다는 얘기다. 하지만 리볼빙 이용자들의 얘기를 종합해보면, 한번 이용하기 시작하면 '딱 이번 달'만 이용하겠다는 다짐과 달리 해지하는 게 쉽지 않다고 한다.

이미 리볼빙 서비스를 10% 이상 사용했다면 최대한 원금을 상환하고, 리볼빙을 해지하는 게 현명하다. 도저히 한꺼번에 빚을 갚기 어렵다면 리볼빙을 사용한 카드는 더 이상 사용하지 않아야 한다. 빚 규모가 더 늘어나는 것을 막은 뒤 리볼빙 약정비율을 끌어올려서 빚을 갚아야 한다.

염기자의 정리박스

리볼빙을 이용하면 당장 카드값 연체 위기는 벗어날 수 있다. 리볼빙을 해지하지 않는 한, 매달 미룬 이용대금이 차곡차곡 쌓여 빚만 키울 수 있다. 리볼빙 수수료는 최저 5%에서 23.9%에 이른다. 업계 1위인 신한카드의 리볼빙 이용자 중 약 44%는 연 16~20% 수수료(2021년 2월 28일 결제성 기준)를 적용받는다. 또한 리볼빙에 따른 빚이 과도하게 쌓이면 신용점수에도 영향을 줄 수 있다.

학비와 생활비로 힘든 대학생, 빚 내기 전에 햇살론 유스를

급여를 받는다고 서류를 위조해 대출을 받는 작업대출에 휘말리거나
밀린 학자금을 갚기 위해 다중 채무자가 된 청년들의 사례가 많다.
제도권 대출에서 밀려난 청년층을 위한 정책금융상품은 없을까?

최근 대학생 A씨(27)씨는 급하게 목돈이 필요했으나 금융권에서
돈을 빌릴 수 없었다. 아직 학생 신분이라 소득 증명을 할 수 없
어서다.

A씨는 2019년 3월 작업대출을 시도했다. 마치 A씨가 급여를
받고 있는 것처럼 위조한, 한 은행의 '예금입출금내역서'를 제출
한 뒤 저축은행에서 600만 원을 대출받았다. 3개월 뒤 작업대출
자를 통해 또 다른 회사의 재직증명서를 위조해 저축은행에서
1,280만 원을 빌렸다. 대출금이 입금되자, 곧바로 작업대출업자
에게 수수료 명목으로 30%(564만 원)를 지급했다.

학자금 연체가
다중채무의 신호탄

작업대출은 사기다. A씨는 형사처벌을 받을 수 있을 뿐 아니라 향후 취업이나 금융거래에서 불이익을 받을 수 있다. 이처럼 빚을 갚지 못해 불법대출까지 손을 뻗는 청년이 늘고 있다.

청년들의 '빚 돌리기' 신호탄은 학자금 연체다. 2019년 기준 학자금 연체 신용불량자(이탄희 더불어민주당 의원실 자료)는 4만 6,195명으로, 2015년(2만 7,647명)에 비해 1.7배 증가했다. 이들은 밀린 학자금을 갚기 위해 신용대출 등으로 빚을 늘려간다.

그러다 보면 다중채무자가 되기 십상이다. 2020년 상반기 기준 다중채무자 가운데 30대 이하 빚 규모가 눈덩이처럼 불어났다. 같은 기간 대출 잔액(118조 7,000억 원)은 5년 전(72조 4,000억 원)보다 64% 증가했다.

신용점수가 하락해 제도권 대출에서 밀려난 청년층이 찾는 곳이 불법 사금융 시장이다. 대출 경험이 많지 않은 청년들은 인터넷 카페나 블로그 광고로 쏟아지는 불법 대출에 노출되기 쉽다.

요즘은 작업대출뿐 아니라 폰테크 등 휴대전화를 활용한 불법 대출도 크게 늘고 있다. 폰테크는 본인 명의로 휴대전화를 개통해 대출업자에게 휴대전화를 넘기고 돈을 빌리는 방식이다. 문제는 알선업자에게 속아 돈도 빌리지 못한 채 수백만 원의 휴대폰 요금 청구서를 받을 수 있다는 점이다.

미취업 청년을 위한
정부 지원 제도

청년들은 무턱대고 대출하기에 앞서 정책금융상품부터 살펴봐야 한다. 제도권 금융에서 대출받기 어려운 청년을 위한 정부의 대출상품이 있다. 그것은 바로 2020년 1월 출시된 햇살론 유스다. 지원 자격은 만 34세까지 미취업 청년과 대학(원)생, 사회초년생이 대상이다. 햇살론 유스는 연 3.6~4.5% 고정금리(보증료 포함)로 1인 최대 1,200만 원(연간 600만 원)까지 빌려준다. 특히 중도상환수수료가 없고, 대출기간이 최장 15년으로 장기간 도움을 받을 수 있다는 점도 장점이다.

코로나19 사태인 것을 감안해 2020년 10월 말부터 완전 비대면으로 햇살론 유스를 신청할 수 있게 됐다. 신규 이용자도 서민금융통합지원센터를 방문할 필요 없이 서민금융진흥원 모바일앱을 통해 서류를 제출하고 심사 후 협약은행(기업은행, 신한은행, 전북은행)에서 대출을 받을 수 있다.

정부의 청년 전·월세 대출 지원도 알아두면 유용하다. 목돈이 부족한 청년들은 전·월셋집을 구할 때 보증금을 마련하기 위해 돈을 빌리는 경우가 많다. 정부는 청년층이 주거부담을 덜고 학업·취업에 전념할 수 있도록 시중은행을 통해 지원 상품을 내놓고 있다. 가구 합산 소득이 연 7,000만 원 이하인 20세 이상 만 34세 이하 청년층이 대상이다. 이들에게 2% 초반 금리로 최대

7,000만 원을 빌려준다. 같은 기준으로 월 50만 원 이하 월세자
금을 빌려주는 상품도 있다.

2021년 청년과 신혼부부 대상으로 만기 40년짜리 주택담보
대출(보금자리론)도 나왔다. 대출 갚는 기간을 40년으로 늘려 매
월 갚아야 하는 원리금 상환 부담을 줄이려는 목적에서다.

소득이 없어 채무상환에 어려움을 겪는 대학생이나 미취업 청
년의 재기 지원을 위한 제도도 있다. 신용회복위원회의 취업 청
년·대학생 채무조정제도다. 개인 워크아웃 기준에 의한 채무감
면과 대학을 졸업할 때까지 채무상환을 유예해주는 방식 등이
있다. 금융회사 대출금을 3개월 이상 연체한 대학(원)생과 미취
업 청년이 대상이다.

염기자의 정리박스 +

제도권 금융에서 대출받기 어려운 청년은 햇살론 유스를 눈여겨볼 만
하다. 지원 자격은 만 34세까지 미취업 청년과 대학(원)생, 사회초년생
이 대상이다. 햇살론 유스는 연 3.6~4.5% 고정금리(보증료 포함)로 1인
최대 1,200만 원(연간 600만 원)까지 빌려준다. 또한 이들의 주거부담
을 덜어주고 학업·취업에 전념할 수 있게 전·월세 대출 지원도 해준다.
2% 초반 금리로 최대 7,000만 원을 빌려준다. 가구 합산 소득이 연
7,000만 원 이하인 20세 이상 만 34세 이하 청년층이 그 대상이다.

영끌족과 빚투족을 위한
금리 상승기의 빚 다이어트 요령

●

2021년 하반기부터 금리 상승기에 진입했다.
영끌 투자자라면 '빚 다이어트'에 나설 때다.
대출 상황별로 똑똑하게 다이어트하는 요령을 알아보자.

직장인 윤모(42)씨는 2020년 말 신용대출로 1억 원을 받았다. 2021년 초 주식계좌를 열고 네이버 등 3개 종목에 3,000만 원을 투자했다. 두 달 전에는 암호화폐도 사들이기 시작했다. 윤씨는 최근 금리 인상 관련 뉴스를 접하면서 '빚투(빚내서 투자)'의 부담을 크게 느끼고 있다. 그는 "주식투자 규모를 1억 원까지 늘리고 싶은데 대출금리가 오를까봐 고민"이라고 말했다.

최근 기준금리가 15개월 만에 인상됐다. 2021년 8월 26일 한국은행 금융통화위원회는 기존 연 0.5%인 기준금리를 0.75%로 0.25%p 인상하기로 결정했다. 기준금리 인상 전부터 시장금리는 이미 오르고 있었다. 시장금리의 지표인 3년 만기 국고채 수익률은 2021년 7월 15일 연 1.497%에 마감했다. 1년 8개월 만에 최고치다. 은행 대출금리도 2020년 8월 이후 꾸준히 상승세다. 한국은행에 따르면 2021년 7월 예금은행의 가계대출금리(신규 취급액 기준, 가중평균)는 연 2.99%를 기록했다. 지난해 1월(연 2.95%) 이후 가장 높아졌다.

다이어트를 할 때 무턱대고 살을 빼는 게 능사가 아니듯, 빚 다이어트를 할 때도 무작정 빚을 갚거나 대출 갈아타기를 했다간 손해를 볼 수 있다. 대출 상황별로 똑똑하게 다이어트를 하는 요령을 살펴보자.

신용대출을 받아
암호화폐를 샀다면?

주명희 하나은행 아시아선수촌 PB센터 지점장은 "금리가 상승세로 방향을 틀었을 때 빚을 내 투자하는 건 위험하다"며 "지금은 가계의 빚 규모를 점검하고 줄여야 할 때"라고 조언했다. 그는 "금융시장 변동성이 클 때 암호화폐는 물론 주식 등 위험자산 비중을 줄여놓는 게 안전하다"고 덧붙였다.

다만 주택 구매 자금을 보태기 위해 신용대출을 받았다면 상환을 서두르지 않는 게 좋을 수도 있다. 익명을 요구한 금융회사

프라이빗뱅커(PB)는 "(금융당국이) 각종 대출 규제를 강화하면서 예전만큼 신용대출한도를 늘리는 게 쉽지 않다"며 "아파트 잔금 등 목돈이 필요하면 대출금 상환 일정을 무리하게 앞당기지 않는 게 낫다"고 말했다.

주택담보대출을
받아둔 게 있다면?

회사원 김모(39)씨는 2020년 말 아파트를 구입하면서 주택담보대출로 4억 원가량을 받았다. 33년 만기에 연 2.6% 변동금리형 상품이다. 김씨는 최근 시장금리가 들썩이자 불안해졌다. 그는 "2021년 말까지 시장 상황을 지켜본 뒤 고정금리 대출로 갈아탈지 고민해보겠다"고 말했다.

변동금리 대출에서 고정금리 대출로 갈아탄다면 중도상환 수수료를 고려해야 한다. 일반적으로 주택담보대출을 받은 뒤 약정 기간(3년) 전에 갈아타면 대출 잔액의 1~1.5%를 수수료로 내야 한다.

은행권은 2021년 7월 금리상한형 주택담보대출도 내놨다. 금리 상승 폭을 연간 0.75%p, 5년간 2%p 이내로 제한한 상품이다. 나중에 시중 금리가 크게 오르더라도 대출자의 이자 부담이 일정 수준 이상으로 커지지 않는다.

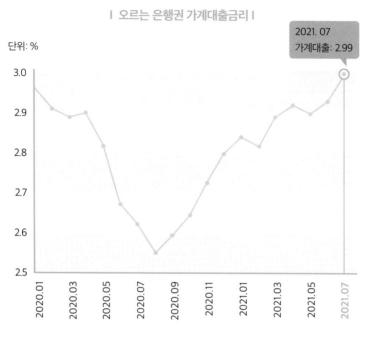

ㅣ오르는 은행권 가계대출금리ㅣ

단위: %

> 2021. 07
> 가계대출: 2.99

※ 가중평균·신규 취급액 기준
자료: 한국은행

빚 갚을 여력이 없는
고금리 대출자라면?

소득 수준이 낮은 다중채무자는 금리 상승기에 빚 부담이 커져 원금과 이자를 갚기가 어려워질 수 있다. 이런 사람들은 금융당 국이 마련한 정책 금융상품으로 갈아타기를 고려할 만하다.

금융당국은 2021년 하반기 취약 대출자의 갈아타기를 위한 상품(안전망 대출2)을 선보였다. 기존에 연 20%가 넘는 고금리 대출을 연 17~19% 금리의 대출로 바꿔준다. 연 20%를 초과하는 고금리 대출을 1년 이상 이용중인 사람이 대상이다. 이 상품으로 갈아타려면 연 소득이 3,500만 원 이하거나 개인신용 평점이 하위 20%이면서 연 소득이 4,500만 원 이하여야 한다.

서민금융진흥원이 운영하는 맞춤대출 서비스도 있다. 저소득·저신용자에게 제도권 금융회사의 대출상품을 중개해 준다. 새희망홀씨·햇살론 같은 정책 금융상품을 포함해 180여 대출상품을 한 번에 비교할 수 있다. 2020년 맞춤대출의 평균 금리는 연 11.5%였다. 서민금융진흥원 관계자는 "정책금융상품 관련 정보를 몰라서 이용하지 못하는 사람도 많다"며 "대환대출이나 금리가 낮은 상품으로 적극 갈아타서 이자 부담을 낮추는 게 도움이 될 수 있다"고 말했다.

염기자의 정리박스 +

금리 상승세로 방향을 확실하게 틀었다면 빚을 내 투자하는 건 위험하다는 게 전문가들의 공통된 답변이다. 다만 주택 구매 자금을 보태기 위해 신용대출을 받았다면 상환을 서두르지 않는 게 좋을 수도 있다. 워낙 대출 규제가 강화돼 예전만큼 신용한도를 늘리는 게 쉽지 않기 때문이다. 빚 갚을 여력이 없는 고금리 대출자는 금융당국이 마련한 정책 금융상품으로 갈아타기를 고려할 만하다.

"10분마다 빚 독촉 전화가 와요"
불법채권 추심을 피하는 방법

●

사채 등 불법 사금융 시장에서 돈을 빌렸다가
불어난 이자와 불법채권 추심에 시달리는 사람이 많다.
추심의 고통에서 벗어날 수 있는 방법은 없을까?

경기도 시흥시 한 공단에서 일하는 김모(34)씨는 요즘 전화벨 소리만 들려도 깜짝깜짝 놀란다. 미등록대부업체에서 돈을 빌렸다가 이자를 연체하면서다.

처음에 친절했던 대부업자는 돌변했다. 언성이 커지며 화를 냈다. 10분 단위로 대부업자의 전화와 문자가 쏟아졌다. 전화를 안 받으면 어머니와 친구들에게 차례로 전화해서 "김씨를 대신해서 돈을 갚으라"고 협박했다.

김씨가 대부업체에서 실제로 빌린 돈은 300만 원이 채 안 됐다. 하지만 3개월간 매주 반복적으로 이자를 떼이고 갚다 보니 원금과 이자를 합쳐 520만 원으로 불어났다. 김씨는 "시간이 갈수록 계속 이자는 쌓여가는 데 벗어날 방법을 모르겠다"며 한숨을 쉬었다.

'20·30' 사채 썼다가
채권추심으로 큰 고통

김씨처럼 미등록대부업체, 사채 등 불법 사금융 시장에서 돈을 빌렸다가 불어난 이자와 불법채권 추심에 시달리는 사람이 늘고 있다. 금융위원회에 따르면 불법 사금융 시장 이용자는 41만 명(2018년 기준)에 이른다.

가장 큰 문제는 비싼 이자다. 금융당국이 2017년 불법 사금융 시장을 조사한 자료에 따르면 금리는 연 10~120% 수준이다. 조사 당시 법정 최고금리(27.9%, 2021년 7월 이후 20%)를 초과한 비중은 36.6%였다. 66%가 넘는 초고금리 이용자 비중도 2%나 됐다. 일부 피해자는 채권자가 갑자기 야간에 찾아오거나 반복적인 전화로 고통을 받았지만 보복 우려로 경찰이나 금융당국에 신고하지 못했다.

상당수는 소액을 빌렸다가 눈덩이처럼 불어난 이자로 고통을 받고 있다. 김씨 역시 어머니 병원비로 급하게 100만 원이 필요했다. 휴대전화 통신비가 연체돼 대부업체 심사에서도 거절됐다.

결국 그는 혹시나 하는 마음에 인터넷 검색을 했다. 그리고 '신용등급 상관없이 즉시 100만 원을 대출해준다'는 업체에 연락했다. 다음날 회사 근처 커피숍에서 만난 대출업자는 일주일 뒤 50만 원을 갚는 조건으로 20만 원 이자를 제외하고 30만 원을 빌려줬다. 이자를 연체 없이 잘 갚는지 신용도를 점검하는 차원이라고 했다.

김씨는 자신도 모르게 20만 원 선 이자를 떼고, 30만 원을 빌려주는 속칭 '20·30' 사채를 쓴 것이다. 연 금리로 환산하면 3,000%가 넘는 이자였다

2020년부터
채무자대리인 무료 지원

불법 사금융에 발을 디뎠다가 채무독촉에 시달리는 사람들을 위한 대책이 있다. 그것은 바로 채무자 대리인 제도다. 채무자가 변호사 등 채무 대리인을 선임하면, 채권자는 직접 채무자에게 접촉해 빚을 갚으라고 독촉하지 못하고 채무자 대리인(변호사)하고만 협의할 수 있다. 빚 독촉에 시달리는 금융 취약계층의 심적 부담을 덜어주기 위해 2014년에 도입했다.

불법채권 추심에 시달렸던 김모(23)씨도 2018년 채무자 대리인을 신청했다. 아버지의 갑작스런 교통사고로 수술비를 마련하

기 위해 9곳의 대부업체에서 총 2,000만 원을 빌렸다. 급한 마음에 빚을 냈지만, 이자는 밀리기 시작했다. 그는 "연체가 되자 추심업자가 회사 앞에서 지키고 있었다. 동료들 사이에서 '도박 빚을 갚지 못한 도박 중독자' 등 이상한 소문이 돌면서 회사를 그만뒀다"고 말했다.

그러다 지인의 소개로 서울금융복지센터에서 상담을 받고 채무자대리인을 신청했다. 하루에도 수십 번 쏟아지던 협박 문자와 전화가 곧바로 중단됐다. 김모씨는 "마치 지옥에서 벗어나는 기분이었다"며 "이제 정신을 차려서 일자리를 알아보고 개인회생 상담도 받을 수 있게 됐다"고 했다

정부는 2020년 1월 28일부터는 미등록·등록 대부업자로부터 불법추심 피해가 있거나 법정 최고금리 초과 대출을 받은 피해자를 대상으로 '채무자대리인' 무료 지원 사업에 나섰다. 이 제도를 잘 모르거나 경제적 부담 등으로 이용하지 못하는 서민들이 많아서다. 통상 불법 사금융 소송은 건당 30만 원에서, 많게는 300만 원의 비용이 든다.

채무자 대리인은 불법 추심을 막을 뿐 아니라 소송 대리인으로 나선다. 법정 최고금리 초과 대출, 불법 추심 등으로 입은 피해에 대한 반환청구, 손해배상 소송을 맡아주는 것이다. 다만 소송대리인의 경우는 수익자 부담원칙, 재정여력 등을 고려해 기준 중위소득 125%(1인 가구 기준 월 228만 5,000원) 이하 가구 대상에 한해 무료로 지원한다.

채무자 대리 지원을 받는 방법은 간단하다. 금감원 홈페이지를 비롯해 불법사금융신고센터(1332) 또는 대한법률구조공단(132)을 통해 신청하면 된다.

염기자의 정리박스 +

채무독촉에 고통받는 사람을 위한 대책이 있다. 채무자 대리인 제도다. 채무자가 변호사 등 채무 대리인을 선임하면 채권자는 직접 채무자에게 접촉해 빚을 갚으라고 독촉하지 못하고 채무자 대리인(변호사)하고만 협의할 수 있다. 정부는 2020년부터 채무자 대리인 무료 지원 사업에 나섰다. 이 제도를 모르거나 경제적 부담으로 이용하지 못하는 서민들이 많아서다. 단, 수익자 부담원칙 등을 고려해 기준중위소득 125%(1인 가구 기준 월 228만 5,000원) 이하 가구에 한해 무료로 지원한다.

영끌(영혼까지 끌어모아 대출)족과 빚투(빚내서 투자)족의 자금이 주식과 암호화폐 시장으로 몰린다. 투자 열풍에 관련 금융사기는 눈에 띄게 증가했다. '그놈 목소리(보이스피싱)' 수법은 갈수록 지능화되고, 차에 다리를 일부러 부딪히는 '발목치기' 같은 자동차 보험사기도 끊이지 않는다. 일단 다양한 금융사기 유형을 알아두면 고의로 낸 사고가 일어나더라도 피해를 막을 수 있다. 금융사고를 당했을 때 구제받는 방법도 살펴봤다.

5장

누구나 어이없이 당할 수 있다,
금융사고

"명의가 도용된 것 같다" 그놈 목소리에 속지 않으려면?

●

보이스피싱 수법이 갈수록 지능화되고 있다.
최근에는 자녀를 사칭하며 메신저로 접근하는 사례도 크게 증가했다.
보이스피싱에 당했을 때 구제받는 방법은 있을까?

주부 박모(47)씨는 이상한 휴대전화 문자메시지를 한 통 받았다.
'안마의자 279만 원 해외사용이 정상적으로 승인되었습니다'라
는 신용카드 결제 문자였다.

의자를 산 적이 없는 박씨가 고객센터로 전화를 걸자 상담원
이 "명의가 도용된 거 같다"며 경찰에 신고했다. 곧 경찰청 사이
버수사대에서 박씨에게 "사기 사건에 연루돼 수사협조가 필요하
다"고 연락이 왔다.

박씨는 깜짝 놀라 시키는 대로 원격조종 프로그램을 컴퓨터에
설치하고 은행의 보안카드 비밀번호를 불러줬다. 순식간에 박씨

의 계좌에서 수천만 원이 빠져나갔다. 원격조종 앱을 이용한 보이스피싱 신종사기에 박씨가 속은 것이다. 고객센터 상담직원부터 경찰까지 모두 가짜였다.

"엄마, 나 딸"
메신저 피싱이 계속 증가

실제 피해자의 사례를 재구성한 것이다. 박씨 사례는 전화 가로채기 앱 등 악성 프로그램을 활용한 보이스피싱이다. 휴대전화에 악성 앱이 설치된 순간 소비자는 신용카드사, 은행 등 금융사 콜센터에 전화를 하더라도 사기범이 이 전화를 가로채 속아 넘어갈 수 있다.

보이스피싱 수법은 갈수록 지능화되고 있다. 최근에는 "엄마, 나 딸" 등 자녀를 사칭하며 메신저로 접근하는 사례가 크게 증가했다. 핸드폰이 고장났거나 분실돼 연락이 안 되니 새로운 아이디를 메신저 친구로 추가해달라는 식이다. 다음으로 회원 인증을 한다며 피해자의 신분증, 계좌번호, 신용카드 번호 등을 요구한다. 가족인 줄 알고 별다른 의심 없이 개인정보를 넘겼다간 돈을 뜯길 수 있다.

가장 많은 보이스피싱 피해 유형은 대출빙자형 사기다. 금융감독원이 2017년 이후 2020년 3월까지 보이스피싱 피해자

13만 5,000명을 조사한 자료에 따르면 10명 중 8명꼴로 대출빙
자형 사기에 피해를 입었다. 고금리 대출자에게 저금리로 대환
대출을 해줄 수 있다고 꼬드겨 사기치는 수법이다.

다음으로 사칭형 보이스피싱 피해자 비중도(23%) 컸다. 금감
원·검찰 등 정부기관을 사칭해 피해자의 계좌가 범죄에 연루돼
잔고를 옮겨야 한다는 식으로 돈을 뜯어내는 수법이다. 연령별로
피해비중을 보면 50대(32.9%)가 가장 취약한 것으로 나타났다.
다음으로 40대(27.3%), 60대(15.6%) 순이다.

보이스피싱 피해 시 구제받는 법

그렇다면 보이스피싱을 당했을 때 구제받는 방법이 있을까? 보
이스피싱 피해를 받았을 때의 구제는 최소 1만 원부터 가능해진
다. 최근 전기통신금융사기 피해 방지 및 피해금 환급에 관한 특
별법(통신사기피해환급법) 시행령 개정안이 국무회의를 통과했기
때문이다.

보이스피싱 구제절차는 피해자가 금융회사에 사기범에게 자
금을 이체한 계좌(사기계좌)에 대한 지급정지와 피해구제 신청으
로 시작한다. 그 이후 금융감독원과 금융회사는 사기계좌 명의인
의 채권을 소멸한다. 계좌에 남아 있는 예금잔액에 대해선 계좌

┃ 보이스피싱 피해예방 5계명 ┃

1	경찰·금감원이라며 금전을 요구하면 무조건 거절
2	메신저나 문자로 금전을 요구하면 유선 확인 전까지는 무조건 거절
3	저금리 전환, 대출 수수료 명목의 금전 요구는 무조건 거절
4	출처 불분명 앱, URL 주소는 무조건 클릭 금지
5	사용하지 않은 결제 문자는 업체가 아닌 해당 카드사에 확인

자료: 금융감독원

명의인의 권리를 없애는 절차가 바로 채권소멸이다. 이후 보이스 피싱 피해자는 사기계좌에 남아 있는 돈으로 피해금을 환불받는 것이다.

또한 2020년 통신사기피해환급법 개정안이 시행되면서 피해 자가 금융사에 구제를 신청할 때 사기범의 전화번호도 함께 신 고할 수 있다. 피해자 구제신청과 보이스피싱 번호 신고를 동시 에 할 수 있게 됐다. 편리해진 시스템으로 보이스피싱 번호 신고 율이 높아지면 추가 피해를 막는 데도 도움이 될 수 있다.

단, 주의할 점이 있다. 보이스피싱으로 은행계좌를 통해 사기 꾼에게 돈을 이체했을 때만 피해금을 환급받을 수 있다. 만일 현 금을 직접 전달했다면 구제받는 게 쉽지 않다.

보이스피싱은 당하지 않는 게 최선의 방법이다. 기본적으로 경찰, 금감원이라며 금전을 요구하면 무조건 거절해야 한다. 특 히 가족이 위급해서 당장 돈이 필요하다는 전화를 받더라도, 한

번 더 꼭 확인해봐야 한다.

요즘은 온갖 악성 앱이 늘어나 본인의 휴대전화가 감염됐을 수 있다. 혹시라도 '그놈 목소리'가 의심스럽다면 내 휴대전화가 아닌 타인의 휴대전화로 확인해봐야 한다. 또한 개인 지갑(통장)을 열 수 있는 주민등록번호부터 신용카드 비밀번호 등은 타인에게 절대로 알려줘선 안 된다.

염기자의 정리박스 +

보이스피싱 구제는 최소 1만 원부터 가능하다. 피해자가 금융회사에 사기범에게 자금을 이체한 계좌에 대한 지급정지와 피해자 구제 신청으로 구제 절차가 시작된다. 이후 금융감독원과 금융회사는 사기계좌 명의인의 계좌에 남아 있는 예금잔액으로 피해금을 환불해준다. 단, 현금을 직접 전달했다면 구제받는 게 쉽지 않다.

갑자기 내 자동차에 "쿵", 자동차 보험사기를 피하는 법

차선 변경하려는 차량을 노려 일부러 접촉사고를 내거나
자동차에 일부러 다리를 부딪히는 등 자동차 보험사기가 많다.
보험사기 유형과 대책을 평소에 알아둬야 피해를 막을 수 있다.

운전자 A씨는 최근 황당한 경험을 했다. 서울 중랑구 한 시장 골목길에서 후진을 하는 순간 "쿵" 하는 소리가 들렸다. 한 남성이 앞 타이어 옆에 서서 오른쪽 다리를 감싸며 통증을 호소했다. 피해자는 "지금은 몸이 괜찮으니 나중에 연락하겠다"며 현장을 벗어났다.

얼마 뒤 당시 피해자는 운전자에게 전화를 걸어 보험처리를 요구했다. A씨는 "후진을 했는데 이게 뭔가 싶었다"며 "앞 범퍼도 아니고 타이어에 부딪힌 게 이상했다"고 말했다.

A씨가 당한 게 자동차에 일부러 다리를 부딪히는, 이른바 '발

목치기'로 불리는 보험사기다. 사기행각을 벌인 사람은 2017년 12월부터 1년 넘게 5차례에 걸쳐 사고를 일으켜 합의금과 보험금으로 2,700여만 원을 타냈다.

법규 위반 차량을 노리는 보험사기꾼들

대다수 운전자는 A씨 사례처럼 교통사고가 나면 보험처리를 해준다. 순간적으로 당황해 보험사기라는 것을 깨닫지 못해서다. 특히 초보 운전자를 비롯해 여성 운전자에게는 욕설을 하고 고함을 지르는 등 험악한 분위기를 연출해 보험처리를 압박하기도 한다.

이러한 보험사기가 늘면 보험사가 지급하는 보험금이 증가하면서 전체 보험 가입자의 보험료가 오를 수 있다. 우선 보험사기 유형을 알아두면 고의로 낸 사고가 일어나더라도 피해를 막을 수 있다.

최근 경제적 어려움을 겪는 20대 청년들의 렌터카를 이용한 보험사기도 늘어나고 있다. 렌터카는 가격이 저렴하고 손쉽게 차량을 빌릴 수 있기 때문이다. 이들은 차선을 변경하는 차량을 노려 일부러 접촉 사고를 냈다. 일반적으로 차선을 바꿀 때 사고가 나면 변경 차량 운전자에게 과실 비율을 높게 매기기 때문이다.

특히 보험금을 많이 받기 위해 동승자도 가득 태웠다. 실제로 선후배 관계의 청년들이 110차례 고의사고로 보험금 8억 원을 수령한 사례가 있다. 보험사기를 위해 모집한 동승자만 무려 70명이 넘는다.

보험을 잘 아는 전문가가 보험액 지급 절차의 허점을 노려 보험사기에 가담하는 경우도 있다. 예를 들어 보험설계사 B씨는 지인, 보험 계약자 10여 명과 공모해 일부러 자동차 사고를 연출했다. 이후 보험금 지급이 쉽게 되는 특정 진단명이 기재된 허위 진단서로 보험금을 타는 방식이다. 이들은 40차례 고의사고로 4억 원의 보험금을 받아냈다.

합의는 천천히,
현장 증거는 꼭 확보

그렇다면 자동차 보험사기 일당의 표적이 되지 않으려면 어떻게 해야 할까? 보험사기꾼은 주로 법규위반 차량을 범행의 표적으로 삼는다. 실제로 편도 1차선 도로에서 고의 충돌에 따른 교통사고가 많다. 보험 사기꾼들은 도로변 주변 차량을 피하려고 잠깐 중앙선을 침범하는 차량을 기다렸다가 일부러 들이받기 때문이다. 그러므로 평소 교통법규를 잘 지키고 안전운전을 하는 게 첫 번째다.

그럼에도 보험사기가 의심되는 교통사고를 당했다면 가장 먼저 경찰과 보험사에 도움을 요청하는 게 맞다. 경찰 신고로 뺑소니 우려와 손목치기 등의 보험사기 피해를 사전에 예방할 수 있다. 또한 보험사에 사고접수를 하면 신속하고 합리적인 사고처리가 가능하다. 보험사에 사고를 접수했더라도 보험 처리 여부는 향후 지급 보험금과 할증 보험료 규모를 고려해서 최종 선택할 수 있다.

합의는 서두를 필요가 없다. 시간적 여유를 갖고 신중하게 결정해야 한다. 간혹 현장에서 고액의 현금을 요구할 때는 거절하는 게 좋다. 현장에서는 다친 사람이 없는지 등 사고처리에 집중한 뒤 합의는 주변 지인과 보험회사, 변호사 등의 의견을 충분히 듣고 결정해도 늦지 않는다.

무엇보다 분쟁을 대비해 증거도 확보해야 한다. 사고가 발생했을 때 스마트폰 등으로 현장을 촬영해야 한다. 사고 현장과 충돌 부위는 다양한 각도에서 찍어두고, 블랙박스 영상도 점거해야 한다. 이때 목격자가 있다면 연락처를 확인해두고, 현장 주변의 CCTV 영상 자료를 확보하는 것도 도움이 될 수 있다. 또 탑승자가 있는 경우 탑승자를 확인해 향후 탑승자를 '바꿔치기' 하거나 추가해 피해 규모를 확대하는 보험사기 피해를 예방해야 한다.

보험을 처리한 이후 뒤늦게 사기를 당한 것을 알았다면 보험사에 할증된 보험요율을 다시 산정해달라고 요구할 수 있다. 할증된 자동차 보험료를 환급받으려면 금감원이 운영하는 금융소비자정보포탈 파인(FINE)을 활용하거나 보험개발원 홈페이지의 자동차보험 과납보험료 통합조회시스템을 이용해 환급신청을 하면 된다.

염기자의 정리박스 +

보험사기가 의심되는 교통사고가 났다면 경찰과 보험사에 도움을 요청하는 게 먼저다. 합의는 신중해야 한다. 사고처리에 집중한 뒤 합의는 주변 지인과 보험회사, 변호사 등의 의견을 듣고 결정해도 늦지 않기 때문이다. 분쟁에 대비한 증거는 꼼꼼하게 챙겨야 한다. 사고가 발생했을 때 스마트폰 등으로 현장을 다양한 각도로 촬영하고, 블랙박스 영상도 점검해야 한다. 또한 보험을 처리한 뒤 사기당한 것을 알았다면 보험사에 할증된 보험요율을 다시 산정해달라고 요구할 수 있다.

"앗, 600만 원 내돈!"
실수로 모르는 사람에게 이체했다면?

실수로 엉뚱한 사람 계좌에 돈을 보냈다면!
상상도 하고 싶지 않은 착오송금은 연간 16만 건에 이른다.
2021년 7월부터 소송을 거치지 않고도 돈을 찾을 수 있게 됐다.

"한순간에 어처구니 없이 600만 원을 날렸다는 생각에 눈앞이 캄캄했다." 중소기업을 운영하는 김모(56)씨는 지난해 실수로 전혀 모르는 엉뚱한 사람에게 사업자금 600만 원을 모바일뱅킹으로 송금했다. 급하게 서두르다가 수취인의 계좌번호 하나를 잘못 누른 것이다.

정신을 차리고 송금은행을 통해 수취인에게 연락했다. 하지만 600만 원을 받은 통장 주인은 전화를 받지 않았다. 일주일 뒤 김씨는 '자금반환 청구가 거부됐다'는 문자를 받았다.

억울한 마음에 김씨는 소송(부당이득 반환청구 소송)을 신청했고,

1년 만에 돈을 돌려받았다. 김씨는 "변호사 선임 등 100만 원 넘는 소송비용이나 시간을 따지면 1년간 마음고생이 컸다"고 토로했다.

이처럼 2021년 7월부터 소송을 하지 않고도 착오송금을 손쉽게 되찾을 수 있게 된다. 잘못 송금한 돈을 예금보험공사(이하 예보)가 대신 찾아주는 '착오송금 반환 지원제도'가 시행되기 때문이다. 이런 내용을 담은 예금자보호법 개정안이 2020년 12월 국회 문턱을 넘었다.

반환 거절로
1,540억 원을 못 찾기도

현행 제도는 송금인과 수취인 간의 자발적인 반환 방식이었다. 예금주가 송금한 금융사에 착오송금 신고를 하면, 송금은행이 수취은행에, 수취은행은 다시 수취인에게 연락해 반환을 요청하는 식이다. 이때 수취인이 반환에 동의하면 돈을 돌려받을 수 있다. 하지만 수취인이 반환을 거부하거나 연락이 안 될 경우 법적으로 강제할 수단은 없었다.

금융위원회에 따르면 2019년 착오송금 건수는 15만 8,000건(3,203억 원)으로, 1년 전(13만 4,000건)보다 18% 증가했다. 착오송금 중 절반이 넘는 8만 2,000건(1,540억 원)은 반환구제를 받지

| 한눈에 보는 착오송금 반환지원 제도 |

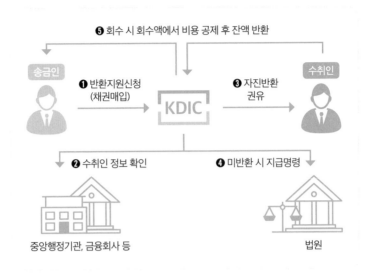

| 한눈에 보는 착오송금 반환지원 제도 |

| 사후정산 방식의 착오송금 반환지원 절차 |

자료: 예금보험공사

못했다. 앞선 김씨 사례처럼 소송을 통해 돌려받을 수 있으나 상당수는 비용과 시간 부담에 포기한다. 소송을 하려면 일반적으로 6개월 이상의 시간과 60만 원 이상(송금액 100만 원 기준)의 비용이 들기 때문이다.

1,000만 원 이하는
예보가 찾아준다

2021년 7월부터는 예보가 해결사로 나선다. 실수로 돈을 잘못 보낸 송금인의 요청에도 수취인이 돈을 돌려주지 않는다면 예보에 반환지원제도를 신청하면 된다. 다만 착오송금 금액이 5만 원 이상, 1,000만 원 이하인 경우에만 반환 지원을 신청할 수 있다. 신청을 받은 예보는 송금인의 부당이득반환 채권을 매입한다. 송금인 대신 채권자의 지위를 확보하기 위한 절차다.

이후 금융사와 행정안전부, 통신사 등에서 수취인의 정보를 받아 전화와 우편 등으로 수취인에게 착오송금 사실과 반환계좌를 알린다. 그런데도 수취인이 자진반환에 나서지 않으면 예보가 법원에 지급명령을 신청할 수 있다. 지급명령은 채권자의 신청으로 채무자에 대한 심문 없이 법원이 지급을 명하는 것으로 채무자의 자발적 이행을 촉구하는 법적 절차다. 예보 관계자는 "독촉 절차로 법원이 (지급명령을 받아들이면) 수취인의 재산을 압류해 돈을 돌려받을 수 있다"고 말했다.

단, 주의할 점이 있다. 예보의 도움을 받으면 착오 송금액을 그대로 다 돌려받진 못한다. 예보는 우편료와 지급명령 비용 등 일종의 수수료를 제외하고 송금인에게 돌려줄 계획이다. 회수액이 10만 원이면 송금인이 돌려받는 금액은 8만 2,000~8만 6,000원으로 예상된다. 100만 원은 91만~95만 원, 1,000만 원은 920만~960만 원이 지급될 예정이다.

　또한 반환 신청은 7월 6일 이후에 발생한 착오송금에 대해서만 할 수 있다. 금융당국 관계자는 "개정안 시행일 이전에 발생한 착오송금은 예보에 반환지원을 신청할 수 없다"고 했다.

카카오페이 착오송금도
반환지원 신청 가능

또한 이번에 바뀐 예금자보호법 시행령에 따르면 송금인이 토스나 카카오페이 같은 선불전자지급수단을 통해 돈을 잘못 송금해도 반환지원을 신청할 수 있다. 단, 선불전자지급수단을 이용한 거래 중 예보가 수취인의 이름과 주민등록번호를 취득할 수 없는 거래는 제외한다. 예컨대 연락처를 통한 송금이나 소셜네트워크서비스(SNS) 회원간 송금 등이 대표적인 사례다.

염기자의 정리박스 +

앞으로 예금보험공사가 수취인 대신 착오송금을 찾아준다. 착오송금이 5만 원 이상, 1,000만 원 이하인 경우 예보에 반환지원제도를 신청할 수 있다.

종신보험으로 갈아탔더니
1,300만 원 보험료 부담 늘었다?

'종신보험 갈아타기'를 하는 경우 기존 보험을 해지하면
원금 손실이 있거나 사업비를 중복으로 부담할 수 있다는 설명이
제대로 이뤄지지 않아 소비자 피해가 급격히 늘고 있다.

최근 A씨는 지인의 소개로 설계사에게 상담을 받았다. 설계사
는 A씨가 기존에 가입해있던 종신보험을 해지하고 다른 종신
보험으로 새롭게 갈아타면 사망보험금을 지금보다 더 늘릴 수
있다고 권유했다. 이에 A씨는 설계사의 말만 믿고 사망보험금
4,000만 원짜리 종신보험을 해지하고, 5,000만 원 상당의 종신
보험으로 갈아탔다.

재가입하고 봤더니 사망보험금 1,000만 원을 증액하려면 보
험료 1,300만 원을 추가로 부담해야 했다. 어쩔 수 없이 다시 해
지한 보험을 복원하려고 알아봤으나 거부당했다. 해지한 보험에

는 A씨가 젊고 건강할 때 가입한 특약이 많아서 지금은 다시 가입할 수 없다는 게 이유였다.

종신보험 '갈아타기', 주의가 필요해

이처럼 최근 생애주기에 적합한 보험계약을 재구성해준다는 보험 리모델링 영업이 증가하면서 피해도 늘고 있다. 보험 리모델링은 케이블TV, 인터넷 포털, 대면상담을 통해 기존보험 분석을 이유로 기존 계약을 해지하고 신규보험을 가입하도록 상담하는 것으로 이른바 '보험 갈아타기' '보험 재설계' '승환'으로 불리며 성행중이다.

이때 기존 보험 해지에 따른 원금손실 가능성이나 해지·신규 계약 비교 등 충분한 설명이 이뤄지지 않아 소비자 피해가 느는 것이다. 금융당국은 기존 종신보험을 해지하고, 새 종신보험에 가입하는 종신보험 간 리모델링은 비합리적인 의사결정일 수 있다고 본다. 보장은 같지만 사업비를 중복으로 부담하는 등 오히려 금전적으로 손해일 수 있기 때문이다.

종신보험 간 리모델링 때 소비자는 3가지를 꼼꼼하게 따져봐야 한다. 첫째, 리모델링으로 보험료 총액이 늘어나는지 살펴봐야 한다. 기존 보험을 없애고 새 보험에 가입하면 사업비를 중복으로 부담하는 셈이다. 더욱이 보험료는 연령 증가에 따라 상승하므로 보험료가 오를 수 있다.

둘째, 보험 청약 시 가입이 거절될 질병 특약은 없는지도 봐야 한다. 질병 이력이 있으면 기존 종신보험에서는 보장받던 질병 특약이라도 신규 보험에서 가입이 거절될 가능성이 있다.

셋째, 리모델링으로 예정이율이 낮아지는 게 아닌지 따져봐야 한다. 예정이율은 보험사가 고객으로 받은 보험료로 보험을 지급할 때까지 운용을 통해 거둘 수 있는 예상 수익률이다. 예정이율이 높아지면 보험료는 싸진다. 일반적으로 과거에 판매한 보험상품이 최근 판매되는 보험상품보다 예정이율이 높아 보험료가 저렴한 편이다.

보험료가 부담된다면 '감액완납' 제도를

보장을 늘리거나 보험료 부담을 줄이려는 목적으로 보험 리모델링을 고려한다면 감액완납 제도 등 가입자가 활용할 수 있는 다른 제도를 이용하는 게 낫다.

예컨대 경제 사정이 어려워져 더 이상 보험료를 내기 힘든 경우에는 기존 종신보험계약을 해지하지 말고 감액완납 제도를 이용하면 된다. 월 보험료 납입을 중단하고 보험 가입금액을 줄이면(감액) 보험기간과 보험금의 지급 조건 변경 없이 보험 계약을 유지하는 제도다.

급하게 목돈이 필요한 경우에도 기존 계약을 깨는 것보다 '보험계약대출' 제도를 활용해볼 만하다. 보험계약 대출은 약관에 따라 해지 환급금 범위 내에서 대출을 받을 수 있다. 신용등급 조회 등 대출심사 절차가 생략되고, 중도상환수수료 부담이 없다.

보험사가 보조금 지급 등 미끼 권유 주의

소비자가 주의해야 할 보험가입 권유의 대표적 표현방식도 정리해봤다. 다음과 같은 모집자의 권유 표현은 판매수수료 증대를 목적으로 한 불완전 판매일 가능성이 높으므로 유의해야 한다.

"보험료 갱신형은 나이가 들수록 보험료가 올라요. 기존 종신보험의 주요 특약이 모두 갱신형이네요. 보험료 오를 걱정이 없는 비갱신형으로 갈아타세요"라는 권유를 받을 수 있다. 모집자의 얘기대로 비갱신형은 보험료 인상 걱정은 없다는 장점은 있다. 하지만 갱신형보다 초기 보험료가 상대적으로 높은 '단점'도 있는데 장점만을 강조한 것이다.

"기존 보험보다 혜택이 큰 상품이 나왔어요. 원래 보험료는 33만 원인데 회사가 1만 3,000원을 보조금으로 납입해줘서 계약자는 31만 7,000만 원만 부담하면 됩니다." 보조금 지급을 미끼로 갈아타기를 권유하는 방식이다.

그러나 보험사가 대신 보험료를 납입해주는 보험료는 없다. 가입금액 고액 할인, 자동이체 할인 등 원래 할인 적용받는 보험료를 보조금으로 오인하게끔 설명한 것이다.

염기자의 정리박스

종신보험 갈아타기를 할 때 3가지를 따져야 한다. 우선 보험료 총액이다. 갈아타기로 보험료를 비롯해 사업비 중복이 있는지 기존 상품과 비교해봐야 한다. 신규 상품 가입 시 거절될 질병 특약이 없는지도 중요하다. 예정이율도 빼놓을 수 없다. 일반적으로 과거에 판매된 상품이 현재보다 예정이율이 높아 보험료가 저렴하기 때문이다. 만일 보험료를 줄이기 위해 상품 리모델링을 고려한다면 감액완납 제도 등 다른 제도를 이용하는 게 낫다.

할아버지 노린 전통 계모임,
진화하는 유사수신업체

투자자를 모으는 불법 유사수신업체에 주의해야 한다.
대부분 늦게 들어온 투자자가 먼저 가입한 투자자의
원금과 이자를 대주는 '돌려막기'로 유지된다.

A업체는 서울 강남 일대에서 투자설명회를 개최하거나 지인에
게 소개하는 방식으로 자금을 모집했다. 유망한 물품 판매 플랫
폼 사업에 투자하면 확정 수익을 지급한다고 약속했다. 구체적으
로 매달 일정금액을 돌려주고, 수개월 내에 투자 원금도 회수할
수 있다고 안심시켰다.

대다수 투자자는 빠르게 원금(투자금)을 회수하기 위해 지인을
끌어들였다. 또한 투자금을 모집하는 과정에서 현금이 부족한 사
람에겐 물품구입 대금을 가장한 신용카드 할부 결제를 통해 투
자금을 받았다.

'돌려막기'로 수익금을 주는
유사수신 업체

A업체는 불법 유사수신 업체였다. 유사수신이란 은행법, 저축은행법 등에 의한 인가나 허가를 받지 않거나 등록·신고 등을 하지 않은 상태에서 불특정 다수인으로 자금을 조달하는 행위다. 최근 불법 업체들이 보험상품 구조를 활용하거나 전통적인 계모임을 위장하는 식의 진화한 수법으로 투자자들을 유혹하고 있다.

금융감독원은 불법 유사수신 업체로 피해를 본 투자자가 늘어난 2020년 말 소비자경보 '주의'를 발령했다. 2020년 1월부터 10월까지 금융감독원 불법사금융 신고센터에 접수된 유사수신 행위 신고·상담은 555건으로, 전년 동기 대비 무려 42% 가까이 증가했다.

금융 취약계층인 노인을 상대로 유사수신 행위가 눈에 띄게 증가했다. 노인을 속이기 위해 전통적 계모임을 내세웠다는 게 특징이다. 동네 계모임처럼 투자 순서대로 투자금의 10배를 돌려준다고 약정한 방식이다. 특별한 수익원이나 투자 대상도 없었다. 계모임 회원을 정하고 순서에 따라 돈을 나눠 갖는 것은 '기존 계'와 동일하지만 투자자를 한정시키지 않았다. 한마디로 늦게 가입한 투자자가 먼저 들어온 투자자의 원금과 이자를 대주는 '돌려막기' 형태였다.

수익모델 없이
수익만 강조하면 주의

기본적으로 소비자가 사기를 당하지 않기 위해서는 다음의 2가지를 주의해야 한다.

첫째, 구체적인 수익모델이 없음에도 사업 가능성만 강조하며 높은 수익을 낼 수 있다고 약속하는 경우다. 일단 불법 유사수신 업체인지 의심해봐야 한다. 또한 초반에 높은 이자를 돌려준다고 해서 안심해서는 안 된다. 다단계 방식으로 투자자를 모집한 뒤에 한두 번은 높은 이자와 모집 수당을 지급하다가도 신규 투자가 이루어지지 않으면 지급을 미루다가 잠적한 사례가 많아서다. '고수익에는 그에 상응하는 높은 위험이 따른다'는 투자의 기본 원리를 항상 되새길 필요가 있다.

둘째, 보험상품은 고수익 투자상품이 아니다. 보험은 미래에 발생할 수 있는 재해나 각종 사고에 의한 경제적 손해를 보상받는 사전 보호 장치다. 따라서 보험설계사가 높은 수익률과 원금 보장을 약속하는 경우에도 일단 주의를 기울여야 한다. 투자사기 등 범죄에 연루될 가능성이 있어서다.

실제 사례도 살펴보자. B 보험대리점의 설계사는 최대 45% 고수익 상품을 판매했다. 일부 보험상품의 경우 13개월 이상 필수유지기간 보험료를 납입하면 보험사로부터 받은 대리점 수수료를 반환하지 않은 점을 악용했다. 일정기간 보험료 납입 후 해지하는 방식으로 보험 해지 환급금과 대리점 수수료를 활용해 원금과 약정 수익금을 투자자에게 지급했다. 이런 방식으로 고객의 신뢰를 쌓은 후 주식, 펀드, 보험에 투자해 원금과 확정수익을 보장한다며 투자자를 모았다. 이후 잠적했다.

유사수신업체의 꾀임에 빠져 투자금을 신용카드 할부로 결제하는 사례도 있다. 거래의 본질이 물품거래가 아니라 투자를 목적으로 한 경우 카드 할부거래를 취소하기 어려울 수 있어 주의해야 한다. 사실상 사기에 당했다는 것을 깨달아도 투자금을 되찾을 수 있는 방법이 없다는 얘기다. 유사수신 피해를 입은 경우 설명회 자료, 거래내역, 녹취 파일 등 증빙자료를 확보해 경찰에 신고하거나 금감원 불법사금융 피해 신고센터에 제보해야 한다.

염기자의 정리박스 ✛

고수익에는 높은 위험이 뒤따른다. 투자의 기본 원리를 지킨다면 불법 유사수신 업체의 꾀임에 넘어가는 일을 막을 수 있다. 일단 구체적인 수익모델이 없음에도 고수익을 준다는 업체는 의심해봐야 한다. 다단계 방식으로 투자자를 모집해 한두 번 높은 수익을 안겨준 뒤 잠적하는 경우가 많기 때문이다. 특히 투자금을 신용카드 할부로 결제하는 경우도 주의가 필요하다. 투자를 목적으로 카드 할부거래를 한 경우 취소하기 어려울 수 있다.

암호화폐에 600만 원 투자하면 3배로 불려준다?

2021년 비트코인, 도지코인 등 암호화폐 투자가 인기를 끌었다.
투자 열풍에 불명확한 코인을 미끼로 투자자를 꾀는 사기도 늘었다.
나눠준 코인은 가짜였고, 수익금도 신규 회원의 투자금으로 지급됐다.

50대 A씨는 지인에게 서울 강남구의 한 암호화폐거래소를 소개 받았다. 600만 원만 투자하면 1,800만 원의 수익을 돌려준다고 했다. 최근 들어 친구들이 모이기만 하면 비트코인 얘기를 했던 지라, 직접 암호화폐거래소 관계자를 만나 설명을 들었다.

거래소는 비트코인, 이더리움 등 누구나 아는 암호화폐도 거래한다고 했다. A씨가 그 자리에서 600만 원을 맡기자 처음 본 암호화폐를 줬다. 아직 상장 전이지만 갖고 있으면 수익이 커질 것이라는 게 거래소 측의 설명이었다. 또 다른 회원을 데려올 경우 120만 원의 소개비를 준다고도 했다.

주부와 고령자를 노리는
'암호화폐+다단계' 사기

A씨가 600만 원을 투자한 암호화폐거래소는 2021년 5월 본사와 임직원 자택이 압수수색을 당한 곳이다. 거래소 자산인 2,400억 원은 곧바로 묶였다. 2020년 8월부터 7~8개월 동안 회원 4만여 명에게 1조 7,000억 원을 가로챈 혐의다. 회원들에게 나눠준 암호화폐는 당연히 가짜였고, 수익금은 나중에 가입한 회원의 투자금으로 지급됐다. 한마디로 '폰지사기(다단계 사기 수법)'였다.

이처럼 비트코인 등 암호화폐 가격이 급등하자 암호화폐 관련 다단계 사기가 늘었다. 2021년 서울시 민생사법경찰단에 따르면 세계적으로 유명한 회사가 제휴사라고 선전하며 회원을 모집하고 수익은 돌려막기식으로 배분하는 사례, 상장이 불명확한 코인을 미끼로 투자자를 현혹한 사례, 회원 모집 시 지급한 코인이 갑자기 거래가 금지돼 현금화가 어려운 사례 등이 접수됐다.

접수된 사례의 공통점은 하위 회원을 많이 끌어올수록 상위 등급 회원에게 많은 수당이 지급됐다. 다단계 조직과 비슷하다. 결국 확실한 투자수단(코인) 없이 신규 회원을 모집하거나 실적을 냈을 때 회원의 투자금을 수익금 명목으로 지급하는 방식이다. 사기 일당은 암호화폐 관련 지식이나 정보가 많지 않은 50~70대 중·장년층을 겨냥했다.

채굴을 대행해준다더니
갑자기 '잠적'

암호화폐 채굴 사기도 있다. 2021년 비트코인만큼 주목을 받은 암호화폐 '도지코인'의 채굴을 대행하던 사이트가 갑자기 사라져 화제가 됐다. 채굴이란 암호화폐 거래내역을 기록한 블록을 생성하고, 그 대가로 암호화폐를 얻는 행위를 일컫는다. 암호화폐는 채굴에 성공한 보상으로 지급되는 코인인 셈이다.

해외 인터넷 사이트 '와우도지'는 투자자들에게 도지코인으로 채굴 비용을 받는 대신 채굴로 얻은 도지코인을 지급했다. 더 많은 도지코인에 투자할수록 채굴 양(도지코인)을 늘릴 수 있었다. 2021년 상반기에 도지코인의 가격이 치솟자 와우코지에 투자자가 몰렸다. 그러다 갑자기 사이트와 운영자 트위터 계정이 사라졌다. 업계에서는 신규 투자자가 입금한 돈으로 기존 투자자에게 돈을 나눠주는 다단계 사기로 추정한다. 2019년에도 중국 플러스토큰이 똑같은 다단계 사기 방식으로 투자자들에게 2조 원의 피해를 입혔다.

다단계뿐만이 아니다. 주식 리딩방에 이어 코인 리디방 사기도 늘고 있다. 카카오톡 등 모바일 메신저에서 암호화폐 투자 전문가라는 사람이 "수익률 높은 코인을 찍어준다"며 유료회원으로 가입을 권유하는 방식이다. 가입비 이후에도 수수료 명목으로 돈을 뜯어내다가 잠적하는 수법이다. 암호화폐를 거래했던 거래소 사이트조차 가짜였다.

가장 큰 문제는 암호화폐 투자자를 보호할 장치가 거의 없다는 점이다. 현행법상 암호화폐는 금융투자 상품으로 인정되지 않아 자본시장법 위반 혐의로 처벌할 수 없다.

현재 정부는 암호화폐 등 가상자산을 이용한 사기, 자금세탁 등 불법행위를 단속하기로 했다. 금융당국은 투자자들이 가상자산을 현금화할 때 금융사들에 1차 모니터링을 요청했다. 불법 의심거래는 금융위 산하 금융정보분석원(FIU)를 통해 수사기관과 세무당국에 통보한다. 또한 5만 달러 이상의 해외송금을 제한하는 외국환거래법 등 관계법령 위반 여부에 대한 점검도 강화한다.

염기자의 정리박스 +

암호화폐 관련 사기가 눈에 띄게 증가했다. 확실한 투자수단 없이 신규 회원을 모집하거나 실적을 냈을 때 회원의 투자금으로 수익금을 지급하는 방식이다. 특히 암호화폐 관련 지식이나 정보가 많지 않은 50~70대 중장년층의 피해가 컸다.

주식 리딩방에 가입했는데
갑자기 잠적해버린 방장

●

최근 들어 주식시장에 들어온 개인이 늘어나면서
허위·과장 광고로 주린이를 유혹하는 주식 리딩방이 늘고 있다.
자칫 투자금만 날리는 게 아니라 주가 조작에도 연루될 수 있다.

"종목 적중률 99.9%, 최소 50~200% 수익을 보장합니다." 직장인 K씨가 유료인터넷 게시판에서 본 주식리딩방 광고 문구였다. 그는 곧바로 리딩방에 가입했다. 최근 국내외 증시가 들썩이면서 지인들이 "주식 투자로 돈을 벌었다"는 자랑에 불안했던 터다.

리딩방에 입장하자 방장은 기대수익률이 높은 종목을 추천받으려면 별도의 VIP관리방으로 가입해야 한다고 했다. 1년 가입비는 100만 원이었다. K씨는 주식투자로 돈 벌 생각에 가입비를 방장의 계좌로 송금했다. 하지만 VIP관리방으로 초대받지 못했다. 이후 방장과도 연락이 끊겼다.

'고수익' 미끼로
유료회원 가입 유도

2020년 하반기부터 고수익을 미끼로 투자 경험이 부족한 일반인을 유혹하는 주식 리딩방이 극성이다. 주식 리딩방은 카카오톡, 텔레그램 등 단체 대화방을 이용하여 리더 혹은 애널리스트 등으로 불리우는 자칭 주식투자 전문가가 실시간으로 특정 종목의 주식을 매매하도록 추천해주는 곳이다. 하지만 이곳은 금융당국이 정식으로 허가한 금융회사가 아닌 '유사투자자문업자'나 '일반 개인' 등이 운영하는 곳으로 전문성을 보장하지 않는다.

그럼에도 '최소 50% 수익률 보장', '종목 적중률 99.9%'처럼 허위·과장광고에 현혹된 일부 투자자가 돈을 내고 '유료회원'으로 가입하는 사례가 늘면서 피해가 증가했다. 뿐만이 아니다. 불공정한 계약체결로 잡음도 커지고 있다.

'고급 투자정보'를 미끼로 유료회원 계약체결을 유도한 뒤, 이용료 환급을 거부하거나 위약금을 과다 청구한 사례가 많다. 예컨대 한 투자자가 1년 계약을 체결한 뒤 3개월 만에 중도해지를 요구하자 1년 중 1개월만 유료기간이고 나머지 11개월은 무료기간이기 때문에 환급할 금액이 없다며 환불을 거부하는 식이다.

투자자 자신도 모르게 주가조작에 엮일 수도 있다. 주식 리딩방 운영자가 추천 예정인 종목을 미리 사둔 뒤에 회원들에게 매수를 권유하거나 허위 사실을 유포해 주가를 올려 이득을 취할 수 있어서다. 시세조종 행위는 징역 1년 이상의 형사처벌 대상이다. 투자자가 리딩방 운영자의 매매 지시를 단순히 따라했다가, 의도치 않게 주가조작 범죄에 연루될 수도 있다는 얘기다.

그동안 피해 사례를 단계별로 살펴보면, 1단계는 주식 추천 공개 채팅방 광고 문자를 받고 회원이 된다. 2단계로 방장은 VIP 유료 회원에게 매도가격이나 시점을 개별 상담해준다며 유료 회원을 권유한다. 마지막 단계로 불법적인 개별적 투자자문에 따랐으나 대다수 손실을 입는다. 가장 중요한 점은 주식 리딩방에 가입하기 전에 금융당국에 신고한 투자자문업자인지 확인해야 한다는 것이다. 개인에 대한 맞춤형 투자자문은 금융위원회에 등록된 투자자문업자에게만 허용된다. 금융소비자정보 포털 '파인'에서 제도권 금융회사인지 검색할 수 있다.

전문가에게 맡긴 계좌가 시세 조종?

전문가 상담에서 그치지 않고 주식계좌 운용을 불법 주식투자 전문가에게 맡기는 사례도 늘고 있다. 100개가 넘는 계좌가 한 사건의 연계 계좌로 묶인 경우도 있었다. 타인에게 맡긴 계좌가 불공정 거래에 악용되는 경우 계좌주 역시 직·간접적으로 피해를 입을 수 있다. 타인에게 맡긴 계좌가 불공정거래에 이용되는 사실을 계좌 주인도 알았다면 범행을 도운 것으로 판단할 수 있다. 이는 자본시장 불공정거래의 공범으로 형사처벌 대상이다.

계좌 명의만 빌려주면. 계좌를 넘겨받은 사람이 투자원금을 부담하고, 투자결과도 책임지는 경우다. 하지만 계좌 명의를 빌려줬기 때문에 차명거래를 용인한 것으로 간주해 금융실명법 위반 공범으로 몰릴 수 있다.

'이상징후'를 놓치지 말아야 한다. 특정 주식계좌로 이상주문이 반복되면 거래소는 증권사를 통해 계좌 주인에게 경고신호(유선경고→서면경고→수탁거부예고→수탁거부)를 보내도록 시스템화돼 있다. 증권사의 경고를 받았을 때, 투자 대리인이 "별일 아니다"라는 식으로 설명하더라도 계좌가 시세조종 등에 이용되는 것은 아닌지 의심하고 매매내역 등의 계좌정보도 직접 확인해야 한다.

염기자의 정리박스 ┼

개인에 대한 맞춤형 투자자문은 금융위원회에 등록된 투자자문업자에게만 허용된다. 금융소비자정보 포털 파인 등에서 등록된 투자자문업자인지 확인해야 한다. 또한 타인에게 맡긴 계좌가 불공정거래에 악용되면 형사처벌을 받을 수 있다. 이상징후를 놓치지 말아야 한다.

자녀가 유학생 경비로
현지 부동산을 구입하면 처벌

●

송금 과정에 문제가 없는 자녀의 유학경비로
현지의 아파트를 구입했다면 과연 어떻게 될까?
또는 그 유학경비로 주식투자에 나섰다면?

20대 A씨는 미국 대학교 기숙사에 머물다가 2018년 학교 근처
에 집을 구입했다. 유학경비를 활용해 30만 달러를 투자했다. 부
모님이 한국에서 유학경비를 송금할 때 신고를 했기 때문에 부
동산 구입 절차에는 문제가 없다고 판단했다. 하지만 A씨에게 약
600만 원의 과태료 통지서가 날라왔다.

A씨가 어머니께 확인해본 결과 시중은행에 입학허가서, 재학
증명서 등 유학 사실을 확인할 수 있는 서류를 제출한 뒤 유학경
비를 보냈다는 것이다. 절차에 맞춰 돈을 보냈기에 위반한 게 없
다는 게 A씨 측 주장이다. A씨가 과태료를 받은 이유는 뭘까?

유학중인 자녀가
해외에서 집을 살 땐 허가를 받아야

유학중인 자녀가 유학자금으로 주식이나 부동산 등 자산 투자에 나설 때는 주의해야 한다. 국내 거주자가 해외 부동산을 살 경우 취득 신고를 하고 허가를 받아야 한다. 외국환거래규정에 따라 외국환은행장 또는 한국은행 총재에게 신고해야 한다. 이를 어길 경우 위반금액에 따라 제재를 받는다. 위반 금액이 10억 원을 초과하면 검찰통보, 2만 달러(약 2,200만 원) 이하는 경고조치다. 하지만 5년 내 두 번 이상 위반했다면 거래정지 처분을 받는다. 과태료는 위반 금액의 2%(최저 100만 원)가 부과된다.

취득 신고를 했다고 해서 끝나는 게 아니다. 보고 의무가 있다. 특히 부동산을 처분할 때는 처분대금을 회수했다고 신고해야 한다. 처분 후 3개월 이내에 규정상 신고기관에 보고하지 않으면

| 해외 부동산 취득 후의 신고 절차 |

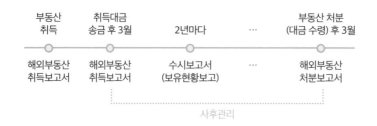

자료: 금융감독원

처벌 대상이다. 다만 해외부동산 취득을 신고한 개인이 시민권을 취득한 경우에는 보고 의무가 사라진다.

예를 들어 태국에 거주한 내국인 B씨가 과거에 취득신고를 한 해외 부동산을 처분했다고 가정하자. B씨가 처분한 자금으로 다시 베트남 소재 아파트를 20만 달러에 구입하면서 처분 보고(700만 원)와 취득 신고(약 400만 원) 누락으로 총 1,100만 원의 과태료가 부과된다.

해외 상장주식에 투자할 땐 국내 증권사를 거쳐야

해외 상장주식에 투자할 때는 국내 증권사를 통해 거래를 해야 한다. 부동산과 달리 신고의무는 없다. 증권사를 거치지 않고 해외 비상장 주식 등에 투자할 때는 한국은행에 증권 신고를 해야 한다. 결국 유학생 경비를 통해 해외 주식에 투자했다가는 제재를 받을 수 있다.

해외뿐만이 아니다. 국내에서도 외환거래를 할 때 신고 의무를 꼼꼼하게 따져야 한다. 이때는 차입(돈 빌린) 대상과 원화로 빌릴지, 아니면 외화로 빌릴지에 따라 신고기관이 달라진다.

우선 거주자가 비거주자인 외국인에게 원화자금을 빌릴 경우에는 지정거래 외국환은행장에게 신고해야 한다. 차입금이 10억 원을 초과하면 외국환은행을 경유해 기획재정부장관 앞으로 신고하게 된다. 국내 거주자가 외국인에게 외화를 차입할 때는, 차입자가 개인일 때는 외국환은행을 경유해 한국은행총재 앞으로, 차입자가 기업이나 공공기관일 경우에는 외국환은행장 앞으로 신고하면 된다.

한편 국내 거주자가 외국인에게 대출을 해줄 때는 한국은행총재에게 신고를 해야 한다. 다만 다른 거주자의 보증 또는 담보를 제공받아 대출했거나, 10억 원이 넘는 원화자금을 빌린 경우에는 대출을 받는 비거주자에게 신고 의무가 있다.

염기자의 정리박스 +

국내 거주자가 해외 부동산을 살 때는 취득신고를 하고 허가를 받아야 한다. 외국환거래규정에 따라 외국환은행장 또는 한국은행총재에게 신고를 해야 한다. 5년 내에 두 번 이상 위반하면 거래정지 처분을 받는다. 팔 때도 처분대금을 회수했다고 신고해야 한다. 매각 후 3개월 이내에 규정상 신고기관에 보고하지 않으면 처벌대상이다. 해외 상장주식에 투자할 때는 신고의무는 없지만 국내 증권사를 통해야 한다.

8~10% 고수익 내건 분양형 호텔,
과연 노후대비 투자처일까?

투자자를 모았다가 소송에 휩싸인 분양형 호텔이 늘고 있다.
분양형 호텔은 시행사가 개인에게 객실을 쪼개 판 뒤,
위탁 운영사가 수익이 나면 투자자에게 배분하는 방식이다.

"'연 8%의 수익률, 10년 확정!' 수익형 비즈니스 호텔을 분양합니다."

해운대 한 분양형 호텔이 연 8% 고수익을 내걸고 분양했으나 1년 넘게 문을 열지 못했다. 피해를 본 수분양자들은 위탁운영사를 상대로 민사소송을 제기한 후 사기혐의로 형사 고소까지 준비중이다.

이 분양형 호텔은 2016년에 지하 5층, 지상 18층(304실) 규모로 분양해 모두 다 팔렸다. 2019년 말에 준공 허가를 받고 다음해 2월 영업신고까지 끝마쳤으나 지금까지도 장사를 하지 못하고 있다. 공사비를 제대로 지급하지 못해 하청업체가 유치권 행사에 나섰기 때문이다.

객실 80%를 채워야
수익률 10%

이처럼 고수익을 내세워 투자자를 모았다가 각종 불미스런 소송전에 휩싸인 분양형 호텔이 늘고 있다. 분양형 호텔은 시행사가 개인 투자자에게 객실을 쪼개 팔고, 이 돈으로 지은 호텔을 위탁 운영사가 운영해 수익이 나면 투자자에게 배분하는 방식으로 운영한다.

분양형 호텔은 호텔이란 명칭을 쓰지만 롯데·신라호텔 같은 관광호텔과는 차이가 있다. 관광호텔은 관광진흥법으로 관리를 받고 개별 객실을 분양할 수 없다. 이와 달리 분양호텔은 공중위생관리법 적용을 받는 여관·민박 같은 일반숙박시설에 포함된다. 따라서 일정 요건을 갖추면 구분 등기가 가능해 객실을 분양해 팔 수 있다.

우리나라에서 본격적으로 분양형 호텔이 인기를 끈 것은 한국을 방문하는 중국인 관광객이 늘어난 2012년부터다. 당시 제주도를 중심으로 서울 명동, 강원도 속초 등 관광지 중심으로 급격히 늘어난 라마다 호텔 등 대부분의 비즈니스 호텔이 바로 분양형 호텔이다.

특히 분양형 호텔은 오피스텔처럼 1억~2억 원대의 비교적 소액으로 투자할 수 있는데다 위탁 운영을 하기 때문에 임차인을 구하거나 시설관리에 신경쓰지 않아도 되는 장점이 부각되면서 돈이 몰렸다.

장밋빛 광고를 쏟아낸 분양형 호텔시장은 2020년 코로나19 여파로 수익률이 급감하고 있다. 외국인 관광객이 뚝 끊기면서 서울 주요 호텔의 객실 가동률은 30%대로 하락했다. 지방 곳곳에서는 문을 닫는 호텔도 늘고 있다.

분양형 호텔의 투자 수익률에 가장 영향을 주는 게 객실 가동률이다. 한국은행 제주본부(2015년)가 시뮬레이션을 해본 결과 객실 가동률이 80%에 달해야 수익률은 10%를 넘었다. 반면 50% 이하로 떨어지면 마이너스 수익률을 나타냈다. 코로나19 영향도 있지만 일반적으로 분양업체가 제시한 투자 수익률은 과대포장된 사례가 많다.

예를 들어 과거 A 분양형 호텔이 내건 투자 수익률 12%를 꼼꼼하게 따져보면 이는 대출을 뺀 실제 투자금 대비 수익률이다. 쉽게 설명하면 투자자가 분양면적 $46.89m^2$(14평)짜리 객실을 약 1억 6,530만 원(부가세 제외)에 분양을 받았다고 가정하자. 이때 중도금 대출을 50%까지 받으면 실투자금은 8,265만 원이다. 분양 견적서를 보니 운영 수익금은 분양가의 8%를 보장한다고 적혀 있다. 따라서 연간 운영 수익금(1,322만 4,000원)에서 대출이자(330만 6,000원)을 뺀 금액을 실투자금으로 나누면 투자수익률은 연 12%가 나온다. 하지만 대출 비중을 줄일수록 투자 수익은 줄어든다. 만약 대출 없이 분양을 받으면 투자수익률은 연간 8%로 떨어진다.

분양형 호텔 투자자를 위한
법적 보호장치가 느슨

수익률 보장기간도 문제다. 계약 당시 시행사가 약속한 확정 수익률을 지급하는 기간은 준공 후 평균 5년 미만이다. 이후엔 실제 객실 가동률에 따라 수익률을 조정한다. 환금성이 떨어진다는 점도 고려해야 한다. 수익률 보장기간이 지난 뒤에는 가격이 하락할 가능성이 있기 때문이다.

또한 분양형 호텔은 투자자를 위한 법적 보호장치도 느슨하다. 주택법상 아파트는 분양보증이 의무화되어 있기에 업체가 부도날 경우에도 분양 계약자의 분양대금을 안전하게 보호받을 수 있다. 이와 달리 분양형 호텔은 분양보증 의무대상이 아니다. 분양형 호텔은 분양 후에도 준공까지 적어도 1년이 걸린다. 이때 시행사가 경영위기에 빠지거나 부도가 나면 계약금 등을 돌려받을 수 없다. 분양 이후엔 위탁 운영사에 문제가 생길 경우 수익률을 보장받기 어렵다.

위탁 운용사가 부도가 나면 계약 당시 수익을 보장한다는 지급 보증서나 확약서도 소용이 없다. 결국 투자자는 소송으로 문제를 해결할 수밖에 없다는 얘기다.

염기자의 정리박스

분양형 호텔의 투자 수익률을 결정하는 건 객실 가동률이다. 한국은행의 시뮬레이션에 따르면 객실 가동률이 80%에 달해야 수익률은 10%를 넘는다. 반면 50% 이하로 떨어지면 마이너스 수익률을 나타낸다. 수익률 보장 기간도 문제다. 계약 당시 시행사가 약속한 확정 수익률을 지급하는 기간은 준공 후 평균 5년 미만이다. 이후엔 실제 객실 가동률에 따라 수익률을 조정한다. 그러다 보니 수익률 보장 기간이 지난 뒤에는 가격이 떨어질 가능성이 있다.

■ 독자 여러분의 소중한 원고를 기다립니다 ─────────────

메이트북스는 독자 여러분의 소중한 원고를 기다리고 있습니다. 집필을 끝냈거나 집필중인 원고가 있으신 분은 khg0109@hanmail.net으로 원고의 간단한 기획의도와 개요, 연락처 등과 함께 보내주시면 최대한 빨리 검토한 후에 연락드리겠습니다. 머뭇거리지 마시고 언제라도 메이트북스의 문을 두드리시면 반갑게 맞이하겠습니다.

■ 메이트북스 SNS는 보물창고입니다 ─────────────

메이트북스 홈페이지 matebooks.co.kr

홈페이지에 회원가입을 하시면 신속한 도서정보 및 출간도서에는 없는 미공개 원고를 보실 수 있습니다.

메이트북스 유튜브 bit.ly/2qXrcUb

활발하게 업로드되는 저자의 인터뷰, 책 소개 동영상을 통해 책에서는 접할 수 없었던 입체적인 정보들을 경험하실 수 있습니다.

메이트북스 블로그 blog.naver.com/1n1media

1분 전문가 칼럼, 화제의 책, 화제의 동영상 등 독자 여러분을 위해 다양한 콘텐츠를 매일 올리고 있습니다.

메이트북스 네이버 포스트 post.naver.com/1n1media

도서 내용을 재구성해 만든 블로그형, 카드뉴스형 포스트를 통해 유익하고 통찰력 있는 정보들을 경험하실 수 있습니다.

STEP 1. 네이버 검색창 옆의 카메라 모양 아이콘을 누르세요. STEP 2. 스마트렌즈를 통해 각 QR코드를 스캔하시면 됩니다.
STEP 3. 팝업창을 누르시면 메이트북스의 SNS가 나옵니다.